$\Delta\ \infty\ \pi\ \sqrt{}\ \Sigma\ \approx\ \geq$

Schulaufgaben

von bayerischen Gymnasien

Mathematik 8

mit Bayerischem Mathematik Test
BMT

LAPLACE

mit Lösungen

Vorwort

Liebe Schüler, liebe Eltern,

Seit der G8-Reform zur Verkürzung der Schulzeit ist die Schulmathematik kompakter geworden, ohne dass dabei der Lehrinhalt sinnvoll gekürzt wurde. Diese

Schulaufgaben von bayerischen Gymnasien

Mathematik 8

zeigen, welche Aufgabentypen und welcher Schwierigkeitsgrad im G8-Gymnasium in Bayern in der 8. Klasse verlangt werden. Ein großer Teil der Aufgaben habe ich als Mathematiklehrer an bayerischen Schulen selber entworfen. Schulaufgaben von Nachhilfeschülern unseres ***Durchblicker Lernstudio Arndt*** bilden die Grundlage der Aufgaben in diesem Buch. Wer diese Schulaufgaben konsequent durcharbeitet, der weiß, was dran kommt und was die Schulen verlangen. Wenn wir feststellen, dass ein Aufgabentyp nicht mehr aktuell ist, wird er sofort durch einen neuen G8-typischen ersetzt. Somit hast du immer die aktuellsten Aufgaben.

In der 8. Klasse werden „nur" noch drei Schulaufgaben geschrieben. Oft heißen diese dann „Großer Leistungstest". Zu Beginn des Schuljahres wird aber zusätzlich der **Bayerische Mathematik-Test** (BMT), dessen Aufgaben vom Kultusministerium gestellt werden, an allen Schulen gleichzeitig geprüft. Die Prüfungsaufgaben beinhalten den Lehrstoff der 5. bis 7. Klasse. In diesem Band werden die BMT 2011 und 2012 vorgestellt mit von mir ausführlich bearbeiteten Lösungen. Zudem folgen sechs Schulaufgaben jeweils zwei Schulaufgaben bzgl. dem 1., dem 2. und dem 3. Großen Leistungstest. Manche Schulen prüfen im 3. Leistungstest den gesamten Lehrstoff der 8. Klasse. Das wird in der Schulaufgabe 3.2 berücksichtigt.

Denke daran, dass der Lehrstoff der 8. Klasse teilweise bereits Abiturstoff ist. Mit meinen Kommentaren habe ich die für das Abitur relevanten Aufgaben aufgezeigt. Die Schulaufgaben entsprechen dem hohen Niveau aus Gymnasien von Bayern, die so ähnlich gestellt worden sind. Sie spiegeln den gesamten Lernstoff der 8. Jahrgangsstufe wider.

Die Hinweise in den Lösungen sind die absoluten Insidertipps eines Mathelehrers.

Zu jeder Schulaufgabe habe ich eine persönliche Einschätzung abgegeben. Bitte entschuldige eventuelle persönliche Äußerungen, die so nicht in gängigen Lernhilfen zu finden sind. Aber die Tatsache, dass das G8 bzgl. des Lehrstoffs noch vollkommen überfrachtet ist und die Aufgaben teilweise sehr schwer gestellt werden, sollte öffentlich gemacht werden.

Die mit ✓ gekennzeichneten Aufgaben haben sich als G8-Standardaufgaben herauskristallisiert, d.h. solche Aufgaben findest du fast in jeder Schulaufgabe. Die mit ABI gekennzeichneten Aufgaben können so – zumindest als Teilaufgaben – im Abitur gestellt werden.

Mein Ziel ist es, die Motivation und Kreativität aller Jugendlichen beim Lösen von Aufgaben zu fördern. Dazu biete ich die ausführliche Lösung der Aufgabenstellung an mit Hintergrundinformationen und detaillierter Beschreibung des Lösungsweges.

Euer Mathetrainer Claus Arndt

Claus Arndt (Dipl.-Mathematiker), derzeit Leiter eines Lernstudios, arbeitete als Mathelehrer an einer Realschule und unterrichtet an einem Gymnasium die Oberstufe. Als Bildungstrainer und Matheprofi erklärt er mit seinem pädagogischen Können den Lernstoff jeder Altersklasse sehr anschaulich und entwickelt aus dem Stegreif eigene praxisbezogene „Testschulaufgaben" zum Trainieren. Er weckt die Neugier der Schüler auf die Rätselwelt der Zahlen und stößt ihnen damit eine Tür zur Mathematik auf. Zudem bringt er seine Erfahrungen aus der freien Wirtschaft mit ein.
www.durchblicker.org

Titelbild: Heinrich Schmid, Überlingen am Ried / Singen am Hohentwiel

ISBN: 978-3-00-034065-9

9 783000 340659

Inhaltsangabe

Schulaufgaben aus dem Lehrstoff der Klasse 8 (G8) in Bayern

Bayerischer Mathematiktest 2012
Bayerischer Mathematiktest 2011

Schulaufgaben 1

Schwerpunkt *Proportionalität, Berechnungen am Kreis* und *Funktionen, Lineare Funktionen*

Schulaufgabe 1.1
- Proportionale und umgekehrt proportionale Zuordnungen
- Umfang und Flächeninhalt eines Kreises
- Proportionale Funktionen
- Funktion und Term
- Lineare Funktionen
- Schnittpunktberechnung

Schulaufgabe 1.2
- Proportionale und umgekehrt proportionale Zuordnungen
- Zusammenhang Funktion und Eigenschaften des zugehörigen Graphen
- Lineare Funktion
  - ♦ Schnittpunkt mit den Achsen
  - ♦ Geraden in ein Koordinatensystem einzeichnen
  - ♦ Senkrechte Gerade
- Lineares Gleichungssystem
- Flächeninhalt eines Dreiecks, welches durch Geraden gebildet wird
- Umfang und Flächeninhalt am Kreis

Schulaufgaben 2

Schwerpunkt *Lineare Funktionen, Gleichungen und Gleichungssysteme, Laplace-Wahrscheinlichkeit*

Schulaufgabe 2.1
- Zählprinzip
- Wahrscheinlichkeiten berechnen
- Schnittpunkte von linearen Funktionen
- Ungleichungen
- Lösungsmöglichkeiten linearer Gleichungssysteme
- Aufstellen von Gleichungen
- Muster weiterentwickeln
- Terme aufstellen

Schulaufgabe 2.2
- Laplace-Wahrscheinlichkeiten berechnen
- Lösungsmöglichkeiten linearer Gleichungssysteme
- Aufstellen von Gleichungen (geometrisches Beispiel)
- Bruchrechnungen

Schulaufgaben 3

Schwerpunkt *Gebrochen rationale Funktionen* und *Ähnlichkeit*

Schulaufgabe 3.1

- Gebrochen rationale Funktionen ihren Graphen zuordnen
- Bestimmung senkrechter und waagrechter Asymptoten bei gebrochen rationalen Funktionen
- Gleichungen
- Äquivalenzprüfungen von Bruchtermen
- Graphische Schnittpunktbestimmung
- Ähnliche Dreiecke bestimmen
- Strahlensatz

Interner Jahrgangsstufentest

Gesamter Lehrstoff der 8. Klasse

Bayerischer Mathematik-Test für die Jahrgangsstufe 8 der Gymnasien

Name: ______________________ **Note:** _____

Klasse: _________ **Punkte:** _____ / 21

Aufgabe 1

Gegeben ist der Term $3{,}5\,\text{kg} : 100\,\text{g}$.

a) Berechne den Wert des Terms.

$3{,}5\,\text{kg} : 100\,\text{g} =$ / 1

b) Formuliere eine Sachaufgabe, die mithilfe des Terms gelöst werden kann.

/ 1

Aufgabe 2

Vereinfache jeweils so weit wie möglich.

a) $-20 + (-2)^3 =$ / 1

b) $4c^2 - (4c - 7) \cdot c =$ / 1

Aufgabe 3

Ein Internetportal bietet Zusatzprogramme für Smartphones an. Bei jedem Verkauf eines solchen Programms behält der Betreiber des Portals 30 % des Verkaufspreises; den Rest erhält der Entwickler des Programms.
Ein Entwickler eines Programms möchte bei jedem Verkauf 1,40 Euro erhalten. Ermittle den festzulegenden Verkaufspreis.

/ 2

Aufgabe 4

Lukas hat aus Tonpapier einen Körper hergestellt, der die Form des Buchstabens „L" hat (vgl. nebenstehende Abbildung).

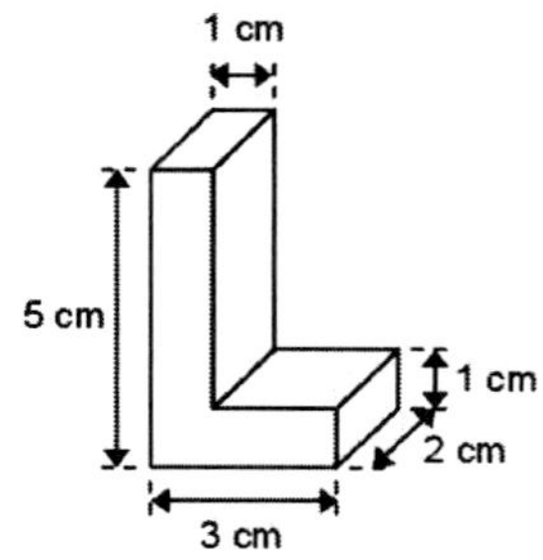

a) Berechne das Volumen des Körpers.

/ 2

b) Trage in die folgende Abbildung zusätzliche Linien so ein, dass ein Netz des Körpers entsteht (Klebefalze müssen nicht berücksichtigt werden).

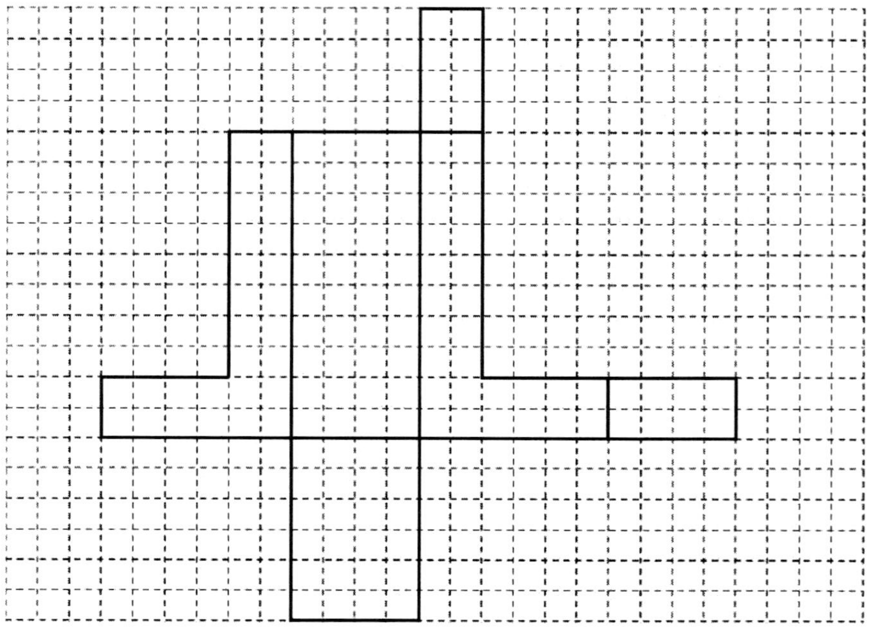

/ 2

Aufgabe 5

Entscheide für jede der folgenden Aussagen, ob sie falsch oder wahr ist.

	falsch	wahr
Alle Dreiecke, die in den Längen zweier Seiten und der Größe des von diesen Seiten eingeschlossenen Winkels übereinstimmen, sind kongruent.	☐	☐
Alle Dreiecke, die in den Größen ihrer drei Winkel übereinstimmen, sind kongruent.	☐	☐

/ 1

Aufgabe 6

Das Diagramm zeigt für Kreuzfahrten deutscher Reiseveranstalter die Entwicklung der Anzahl der Passagiere.

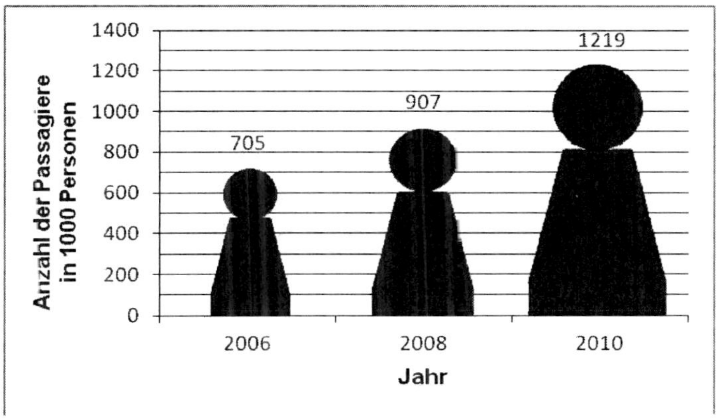

a) Kreuze an, um wie viel Prozent die Anzahl der Passagiere zwischen 2006 und 2010 ungefähr gestiegen ist.

☐ 40 % ☐ 50 % ☐ 60 % ☐ 70 % ☐ 80 %

/ 1

b) Die Figuren im Diagramm könnten den Eindruck erwecken, dass die Anzahl der Passagiere zwischen 2006 und 2010 deutlich stärker stieg als dies tatsächlich der Fall war Beschreibe die Ursache für diesen Eindruck.

/ 1

c) Die Passagiere eines Kreuzfahrtschiffs beobachten gerne die Ablegemanöver ihres Schiffs. Besonders begehrt sind dabei die Plätze direkt an dem Geländer, das das obere Deck des Schiffs vollständig umgibt. Dieses Deck hat näherungsweise die Form eines Rechtecks der Länge 175 m und der Breite 30 m. Schätze ab, wie viele Passagiere nebeneinander auf den besonders begehrten Plätzen stehen können.

Hinweis: Bei einer Abschätzung muss grundsätzlich der Lösungsweg nachvollziehbar sein.

/ 2

Aufgabe 7

Die Altstadt von Bamberg hat sowohl in Nord-Süd-Richtung als auch in Ost-West-Richtung eine Ausdehnung von etwa 1,8 km. In einer Informationsbroschüre soll die Altstadt auf einer Seite mit einer Breite von 10,5 cm und einer Länge von 14,5 cm vollständig abgebildet werden. Ermittle, ob sich dafür der Maßstab 1 : 10000 eignet.

/ 2

Aufgabe 8

Die Abbildung zeigt die Hypotenuse eines rechtwinkligen Dreiecks ABC. Konstruiere den Punkt C so, dass die Kathete [AC] halb so lang ist wie die Hypotenuse.

/ 2

Aufgabe 9

Bei einer Spielshow treten zwei Kontrahenten in einem Wettkampf, der aus zehn Spielen besteht, gegeneinander an. Jedes Spiel hat einen Sieger, der beim ersten Spiel einen Punkt, beim zweiten Spiel zwei Punkte usw. erhält, und einen Verlierer, der jeweils keinen Punkt erhält. Ist es möglich, dass am Ende des Wettkampfs beide Kontrahenten gleich viele Punkte erhalten haben? Begründe deine Antwort.

/ 2

Bayerischer Mathematik-Test für die Jahrgangsstufe 8 der Gymnasien Jahr 2012

Persönliche Kommentare

- **Allgemein**
  Über Sinn oder Unsinn des Bayerischen Mathematik-Tests lässt sich streiten. In der Regel findet keine schulische Nachbearbeitung statt. Stellt sich zum Beispiel heraus, dass ein Schüler noch Schwächen in der Bruchrechnung hat, erfolgt normalerweise keine Förderung dieses Schülers im Unterricht durch Wiederholungen der Bruchrechnung. Nutze du als Schüler die Erkenntnisse aus den Ergebnissen des Bayerischen Mathematiktests und ergänze dein Wissen.
- **zu Aufgabe 1**
  Diese Aufgabe prüft das Thema „Rechnen mit Maßeinheiten", welches in der 5. Klasse gelernt wurde. Diese Aufgaben sind wohl kein Abiturstoff, gehören aber zum Allgemeinwissen und sollten von dir auf jeden Fall beherrscht werden.
- **zu Aufgabe 2** ✔
  Hier kommt der in der 7. Klasse ausführliche behandelte Themenbereich „Terme" zur Abfrage. Immer wieder werden die „Vorfahrtsregeln" aus der Algebra abgefragt –hier „Punkt - vor Strichrechnung". Diese Aufgabe sollte dir keine Schwierigkeiten bereitet haben. Wenn ja – unbedingt den Stoff der Bruchrechnung aus der 6. Klasse wiederholen.
  Die Aufgabe ist lösbar und sollte dir keine Schwierigkeiten bereiten.
- **zu Aufgabe 3** ✔
  Diese Aufgabe aus der Prozentrechnung ist eher eine leichte Aufgabe. Es ist erstaunlich, darauf 2 Punkte zu geben.
- **zu Aufgabe 4** ✔
  Teilaufgabe a) ist eine Standardaufgabe zur Volumenberechnung eines Körpers, der sich aus 2 Quadraten zusammensetzt. Die zu erreichenden 2 Punkte sind reichlich bemessen.
  Teilaufgabe b) ist nur mit einem räumlichen Verständnis zu lösen, bei der man Schwierigkeiten hat oder nicht. Es ist schwer Tipps zu geben.
- **zu Aufgabe 5**
  In dieser Aufgabe werden Kongruenzsätze für Dreiecke aus der 7. Klasse gefragt. Bei vorhergehenden BMT's spielten derartige Aufgaben keine große Rolle, aber es handelt sich doch um einen wichtige mathematische Sätze, die in der 7. Klasse im Zusammenhang mit Dreieckskonstruktionen ausführlich besprochen wurden. Leichte Aufgabe.
- **zu Aufgabe 6** ✔
  Aufgaben zur Darstellung von Erhebungen in Diagrammen basieren nicht nur auf das bloße Zeichnen von (Balken-, Kreisdiagrammen, ------)sondern auch auf deren Interpretation und auch täuschende Darstellungen. Die Schätzaufgabe in Teilaufgabe c) ist dem G8 zu verdanken und wurde auch zum Anfang des G8 im Unterricht vernachlässigt.
- **zu Aufgabe 7**
  Einfache Maßstabsrechnung aus der 6. Klasse.
- **zu Aufgabe 8**
  Klassischer Stoff aus 7. Klasse – Dreiecks-Konstruktionen mit Hilfe des Satzes von Thales gehören zum Grundwissen.
- **zu Aufgabe 9** ✔
  Aufgabe aus den Anfängen der Stochastik. Jedoch ist der Trick dabei, zu zeigen, dass die Summe möglichen Punkte ungerade ist und somit ein Gleichstand nicht möglich ist.

- **Fazit**
  Dieser Test ist sehr fair. Die Aufgaben sollten insgesamt mehr oder weniger gelöst werden können. Die meisten Aufgaben sind bayerischer Standard –lediglich die Aufgaben 4b, 6 und 9 prüfen deine Innovationsfähigkeit.

Punkte	21 - 16	15 - 13	12 - 10	9 - 7	6 - 4	3 - 0
Note	1	2	3	4	5	6

Aufgabe 1

Hinweise und Tipps
zu a) 1 kg = 1000 g. Der Umrechnungsfaktor von der größeren Einheit kg in die kleinere Einheit g ist 1000. D.h. Die Umrechnung in g erfolgt durch Multiplikation mit 1000. Rechne mit gleichen Einheiten, hier g, dann kürzt sich g weg. Das Ergebnis ist ohne Einheit.
zu b) Eine Masse (z.B. Schokolode, Obst, Wasser, ...) mit 3500 g wird auf Einheiten verteilt, die 100 g der Masse beinhalten.

a) 3,5 kg : 100 g = 3500 g : 100 g = 35
b) Eine Menge Sand von 3,5 kg soll auf Behälter mit einem Fassungsvermögen von 100 g verteilt werden. Wie viele Behälter werden benötigt?

Aufgabe 2

Hinweise und Tipps
zu a) Es gilt $(-2)^3 = (-2) \cdot (-2) \cdot (-2) = -8$
zu b) Lieber langsam rechnen, wie in der Lösung. Achtung $(-) \cdot (-) = +$
Achte darauf: Punkt- vor Strichrechnung

a) $-20 + (-2)^3 = -20 + (-8) = -20 - 8 = -28$
b) $4c^2 - (4c - 7) \cdot c = 4c^2 - (4c^2 - 7c) = 4c^2 - 4c^2 + 7c = 7c$

Aufgabe 3

Hinweise und Tipps
Der Verkaufspreis entspricht 100%. Löse die Aufgabe z.B. mit einem Dreisatz.

Der Entwickler erhält 70% des Kaufpreises, also 1,40 €. Dann wird nach 100% gefragt:
Verkaufspreis = (1,40 € · 100%) : 70% = 2,00 €

Aufgabe 4

Hinweise und Tipps
- zu a) Das „L" ist in 2 Quader zu unterteilen.
- zu b) Beim Zeichnen von Netzen gegebener Körper vertwraue auf dein räumliches Vorstellungsvermögen.

a) *Alternative 1:* Quader 1 ist die "Sitzfläche" des "L". Quader 2 ist die „Lehne" des „L".
Quader 1 = $2cm \cdot (3cm - 1cm) \cdot 1cm = 4cm^3$ Quader 2 = $5cm \cdot 2cm \cdot 1cm = 10cm^3$
Volumen = $6cm^3 + 10cm^3 = 14cm^3$
Alternative 2: Quader 1 hat die Längen 3cm, 2cm und 1cm $\Rightarrow V_1 = 6cm^3$
Quader 2 hat die Längen: 1cm, 2cm und (5 cm – 1cm) $\Rightarrow$ V2 = $8cm^3$
Volumen = $6cm^3 + 8cm^3 = 14cm^3$

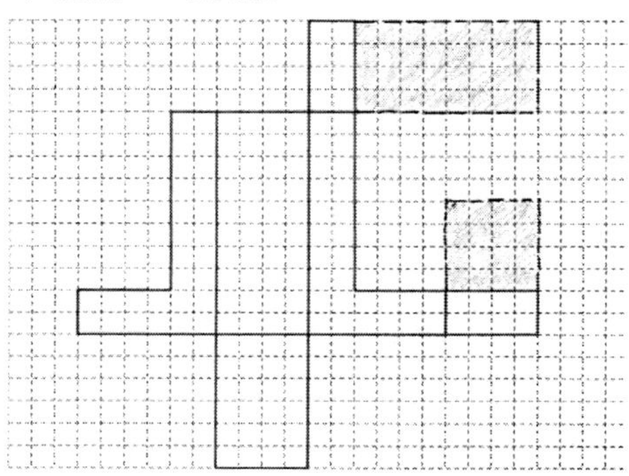

Aufgabe 5

Lösung
BMT8 2012

Hinweise und Tipps

- Es handelt sich um den Kongruenzsatz **SWS**: Wenn bei mehreren Dreiecken zwei Seitenlängen und der Winkel zwischen ihnen gegeben sind, dann sind die Dreiecke kongruent.
- Eine „WWW-Satz" gibt es im Zusammenhang mit Kongruenz nicht. Bei Dreiecken mit gleichen Winkeln, sind alle drei Winkel 60^0 ($180^0 : 3$) groß. Damit sind auch alle drei Seiten gleich groß (gleichseitige Dreiecke). Aber gleichseitige Dreiecke können unterschiedliche Seitenlängen haben.

Aussage 1 ist wahr. Es handelt sich um die Aussage des **SWS**-Satzes.
Aussage 2 ist falsch.

Aufgabe 6

Hinweise und Tipps

a) Prozentrechnung: 40% wäre das 1,4-fache von 705, 50 % das 1,5 fache ...... usw.
Da 1219 „fast" doppelt so groß wie 705 in 2006 ($\triangleq$ 100%) kommt nur 70% oder 80% in Frage.
zu b) Es ist zum Ausdruck zu bringen, dass der Flächeninhalt der Figur über 2010 wesentlich größer ist gegenüber der Fläche über 2006 als 70%.
zu c) Überlege wie viele cm die Breite eines Erwachsenen (Schulterbreite) sein kein. Es ist sicherlich nicht falsch, als Schulterlänge Werte im Bereich zwischen 40 und 60 cm anzunehmen.

a) $1{,}7 \cdot 705 \approx 1200$ und $1{,}8 \cdot 705 = 1269$. 1200 liegt näher an 1219. Also ist 70% anzukreuzen.
b) Die Fläche in 2009 ist mindestens doppelt so groß wie die in 2006. Es wurde nicht nur Höhe korrekt gezeichnet, sondern wurde fälschlicherweise ebenfalls die Breite der Figur vergrößert. So ist die Steigerung nicht linear sondern „quadratisch" dargestellt.
c) Die Geländerlänge beträgt $2 \cdot 175\text{m} + 2 \cdot 30\text{m} = 410\text{m}$
Die Schulterbreite eines Erwachsenen wird mit 50cm angenommen.
$410\text{m} : 50\text{cm} = 41000\text{cm} : 50\text{ cm} = 820$. Ungefähr 820 Personen können nebeneinander stehen.

Aufgabe 7

Hinweise und Tipps

Es ist zu prüfen, ob die kleinere Größe (10,5 cm) den 1,8 km entspricht. 1,8km sind 18000 cm.

1,8 km entsprechen bei einem Maßstab 1 : 10000 gleich 180000 cm : 1000 = 18 cm. Das reicht weder in Nord-Süd noch Ost-West-Richtung nicht aus.

Aufgabe 8

Hinweise und Tipps

C ist der Schnittpunkt des Thaleskreises mit dem Kreis um A mit dem Radius $0{,}5 \cdot \overline{AB}$.

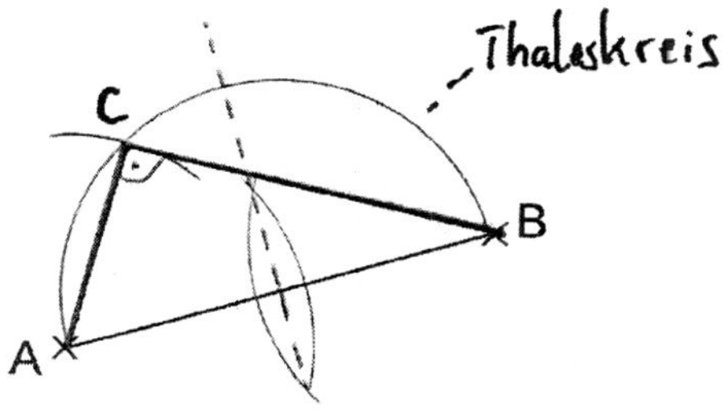

Aufgabe 9

Hinweise und Tipps

- Ermittle die Gesamtpunktzahl, die in den Spielen erreicht werden kann
- Die Summe der Zahlen $1 + 2 + 3 + \ldots\ldots + 9 + 10$ kann man auch mit der Gaußschen Summenformel bestimmen: $= 0{,}5 \cdot n \cdot (n + 1)$

$1 + 2 + 3 + 4 + 5 + 6 + 7 + 8 + 9 + 10 = 55$
Insgesamt sind also 55 Punkte zu erreichen. Diese Zahl ist nicht ohne Rest durch 2 teilbar. Es ist als nicht möglich, dass beide Kontrahenten die gleiche Punktzahl erhalten können.

Zusatz: Nach der Gaußschen Summenformel mit $n = 10$ gilt Summe $= 0{,}5 \cdot 10 \cdot 11 = 55$.

BMT8 2011	A

Bayerischer Mathematik-Test für die Jahrgangsstufe 8 der Gymnasien

Name: ______________________ **Note:** ____

Klasse: ________ **Punkte:** ____ **/ 21**

Aufgabe 1

Lukas macht eine Mountainbike-Tour rund um den Hochfelln. Die Abbildung zeigt das Streckenprofil seiner insgesamt 35 km langen Tour, die am Parkplatz der Hochfelln-Bahn beginnt und endet.

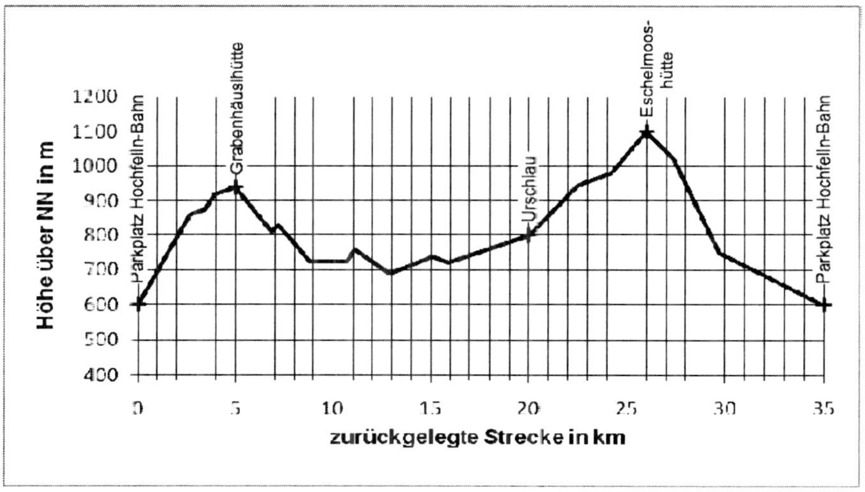

a) An der Grabenhäuslhütte merkt Lukas, dass er zu Beginn der Tour vergessen hat, seinen Kilometerzähler auf null zurückzusetzen; er tut dies nun nachträglich. Wie wird der Zählerstand in Urschlau lauten?

/ 1

b) Nach der Tour stellt Lukas fest: „Bei der Abfahrt von der Eschelmooshütte bis zum Parkplatz habe ich pro Minute 25 Meter an Höhe verloren." Berechne, wie lange er für die Abfahrt gebraucht hat und mit welcher Durchschnittsgeschwindigkeit in $\frac{km}{h}$ er die dabei zurückgelegte Strecke gefahren ist.

/ 2

c) Welchen Anteil der Höhenmeter, die Lukas insgesamt bergauf bewältigen muss, hat er an der Grabenhäuslhütte ungefähr bereits hinter sich?

☐ 25 % ☐ 40 % ☐ 55 % ☐ 70 % ☐ 85 %

/ 1

Aufgabe 2

Betrachtet wird ein beliebiges Trapez ABCD mit $AB \parallel CD$.

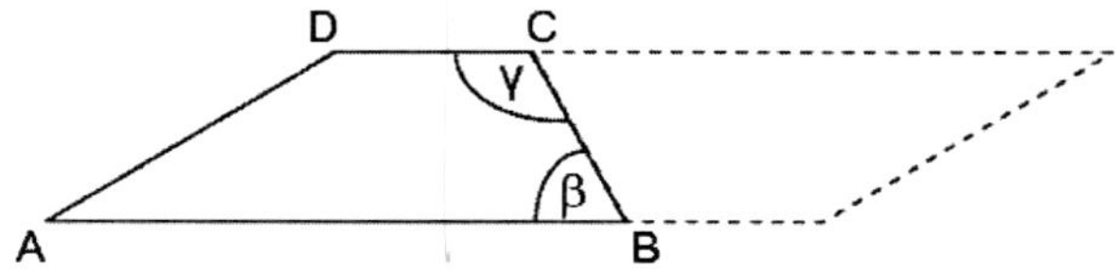

a) Welcher Zusammenhang besteht zwischen den Winkeln β und γ in jedem Trapez ABCD mit $AB \parallel CD$? Kreuze alle richtigen Aussagen an.

☐ $\gamma = 90° + \beta$ ☐ $\beta + \gamma < 360°$ ☐ $\gamma = 2 \cdot \beta$ ☐ $\beta = 180° - \gamma$ ☐ $\beta < \gamma$ /1

b) An jedes Trapez ABCD lässt sich ein dazu kongruentes Trapez so anfügen, dass ein Parallelogramm entsteht (vgl. Abbildung). Gib eine Formel an, mit der man allgemein den Flächeninhalt eines Trapezes bestimmen kann. Trage alle verwendeten Benennungen in die Abbildung ein; ergänze die Abbildung geeignet.
Erkläre, wie sich die Formel mithilfe des Parallelogramms herleiten lässt.

/2

Aufgabe 3

In der folgenden Gleichung stehen a und b für rationale Zahlen.

$$ax = 7x + b$$

a) Bestimme die Lösung der Gleichung für $a = 3$ und $b = 8$.

/2

b) Gib Werte für a und b so an, dass die Gleichung die Lösung $x = -5$ hat.

/1

c) Gib Werte für a und b so an, dass die Gleichung keine Lösung hat.

/1

Aufgabe 4

Marie möchte alle Punkte markieren, die von A und B den gleichen Abstand haben und gleichzeitig von C weniger als 1,5 cm entfernt sind. Ergänze sinnvoll, was sie sich dazu überlegen könnte.

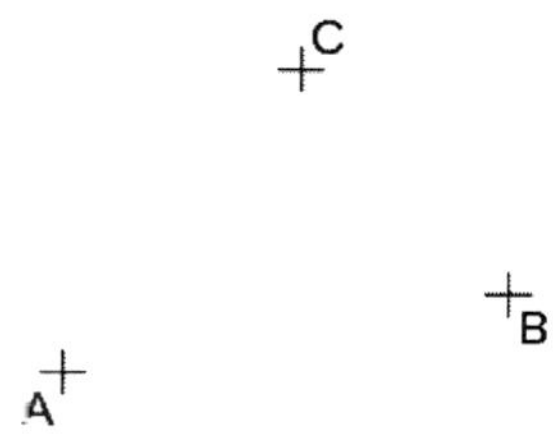

„Um die gesuchten Punkte zu markieren, benötige ich zwei Linien. Die Punkte liegen nämlich

auf ______________________________ sowie

______________________________."

/ 2

Aufgabe 5

Vereinfache jeweils so weit wie möglich.

a) $2a \cdot (1{,}5b \cdot 4a) =$ / 1

b) $x - \left(\frac{3}{7}x + 5\right) =$ / 1

Aufgabe 6

1	2	3	4	5

Bei einem Fernsehquiz steht bereits fest, dass der Kandidat Geld gewinnt. Zur Ermittlung des Geldbetrags (in Euro) mischt der Moderator die abgebildeten Karten und legt sie so auf den Tisch, dass die Zahlen nicht sichtbar sind. Der Kandidat zieht nacheinander drei Karten. Die erste gezogene Karte zeigt die Hunderterstelle des Geldbetrags, die zweite die Zehnerstelle und die dritte die Einerstelle.

a) Bestimme die Anzahl der Möglichkeiten für den Geldbetrag. / 1

b) Bestimme die Anzahl der Möglichkeiten für den Geldbetrag, wenn dieser über 200 Euro liegen soll. / 1

Aufgabe 7

In Kontinentaleuropa ist es üblich, Schuhgrößen nach dem „Pariser Stich“ mithilfe der Formel $s = (f + 1{,}5) \cdot 1{,}5$ zu berechnen. Dabei ist f die Fußlänge in cm und s die zugehörige Schuhgröße.

a) Berechne mithilfe der Formel die Fußlänge einer Person mit Schuhgröße 39.

/ 2

b) Die abgebildete Skulptur steht zu Ehren des berühmten Fußballspielers Uwe Seeler vor dem Stadion des Hamburger SV. Der Skulptur kann gemäß obiger Formel eine Schuhgröße zugeordnet werden. Schätze zunächst die Fußlänge ab; erläutere dein Vorgehen.
Ermittle damit näherungsweise die Schuhgröße.

/ 2

Bayerischer Mathematik-Test für die Jahrgangsstufe 8 der Gymnasien Jahr 2011

Persönliche Kommentare

Allgemein
Der Bayerische Mathematik Test für die 8. Klasse wurde ab 2011 von der Aufgabenanzahl und der Punktvergabe dem BMT für die 10. Klasse angepasst. D.h. Es sind nur noch 7 Aufgaben.

zu Aufgabe 1
Diese Aufgabe prüft dein Verständnis und das Lesen für Diagramen. Auch die Berechnung der Geschwindigkeit Weg/Zeit gehört zur Allgemeinbildung. Bei Teilaufgabe c) ist auf das Wort ungefähr zu achten. Die exakte Berechnung der Bewältigung der gesamten Höhenmeter ist nicht exakt zu berechnen, sondern ist zu schätzen.

zu Aufgabe 2
Hier kommt der in der 7. Klasse ausführliche behandelte Themenbereich „Eigenschaften bei Vierecken" zur Abfrage. Die Aufgabe prüft Erlerntes und sollte keinen großen Herausforderungen an dich stellen.

zu Aufgabe 3
Lediglich Teilaufgabe a) verlangt das „klassische" Lösen einer Gleichung. Für Teilaufgabe c) gibt es keinen Standardlösungsweg sondern man löst die Gleichung zuerst nach x auf und „fällt dann in die Lösung hinein".

zu Aufgabe 4
Relativ leichte Aufgabe aus der Geometrie der 7. Klasse. Die Eigenschaften der Mittelsenkrechten wurden dort gelernt.

zu Aufgabe 5
Auch diese Aufgabe verlangt keine abstrakten Techniken sondern prüft lediglich, ob das Assoziativgesetz verstanden wurde und testet einfache Rechenregeln. Falls hier beim Lösen Probleme bestanden haben, muss unbedingt der Stoff der 6. Klasse wiederholt werden.

zu Aufgabe 6 ✔
Diese Aufgabe bereitete den Schülern am meisten Probleme. Mit Hilfe des Zählprinzips (oder auch Produktregel genannt) sind viele Aufgaben aus der Kombinatorik - in der Oberstufe - zu lösen. Aufgaben zum Zählprinzip werden in der 6. bzw. Klasse oft vernachlässigt.

zu Aufgabe 7
Teilaufgabe a) stellt eine etwas komplexere algebraische Aufgabe dar. Der Schwierigkeitsgrad entspricht dem bayerischen Niveau und kann gelöst werden.
Teilaufgabe b) kommt aus der Praxis und ist ein gutes Beispiel wie man Mathematik anwenden kann. Allerdings werden derartige Aufgaben an vielen Schulen vernachlässigt.

Fazit
Der Schwierigkeitsgrad der Aufgaben ist angemessen. Die Aufgaben sollten insgesamt mehr oder weniger gelöst werden können. Lediglich bei den Aufgaben 3b) und 3c) sind, obwohl von der Technik nicht schwer, doch Verständnisprobleme gegeben.

Punkte	21 - 16	15 - 13	12 - 10	9 - 7	6 - 4	3 - 0
Note	1	2	3	4	5	6

Aufgabe 1

Hinweise und Tipps

- Die Längsachse (x-Achse) der Abbildung gibt die tatsächlich gefahrenen km an, unabhängig von der Geschwindigkeit. Die Hochachse (y-Achse) gibt lediglich die aktuelle Höhe nach x gefahrenen km an.
- zu a) Von der Grabenhäuslhütte nach Urschlau sind es 15 km.
- zu b) Die Eschelmooshütte liegt 1100 m hoch, der Parkplatz 600 m. Differenz: 500 m
- zu b) Lukas hat bei Erreichen der Eschelmooshütte 26 km zurückgelegt, bei Erreichen des Parkplatz 35 km. Differenz: 9 km.
- zu b) Die Geschwindigkeit v = Weg : Zeit
- zu c) Lukas überwindet eine Höhe 500 m (1100 m – 600 m), aber er muss auch die bergab gefahrene Strecke wieder bergauf fahren.
- Zu c) An der Grabenhäuslhütte hat Lukas ca. 340 m (940 m – 600 m) Höhe bewältigt.
- Zu c) Nach 13 km erreicht er einen Tiefpunkt bei ca. 700 m. Die Steigungen von der Grabenhäuslhütte bis zu diesem Tiefpunkt sind für die Berechnung vernachlässigbar.
- Von diesem Tiefpunkt bis zur Eschelmooshütte sind es nochmal ca. 400 m (1100 m – 700 m) Höhe zu bewältigen.

a) Der Zählerstand lautet 15 km.

b) $500\text{ m} : 25\text{ m} = 20$

Lukas hat für die Abfahrt 20 min gebraucht.

$v = \frac{9\text{ km}}{20\text{ min}} = \frac{9\text{ km}}{20 \cdot \frac{1}{60}\text{ h}} = \frac{9}{\frac{1}{3}} \frac{\text{km}}{\text{h}} = 27 \frac{\text{km}}{\text{h}}$

Lukas Durchschnittsgeschwindigkeit betrug $27 \frac{\text{km}}{\text{h}}$.

c) Gesamte Höhenmeter: 340 m + 400 m = 740 m

Höhenunterschied bis zur Grabenhäuslhütte: 340 m

Anteil $= \frac{340}{740} \approx 0{,}4$

Der Anteil beträgt ca. 40 %

Aufgabe 2

Hinweise und Tipps

zu a) Grundwissen: $\beta + \gamma = 180°$.

a) Aussage 1: $\gamma = 90° + \beta$ falsch
Aussage 2: $\beta + \gamma < 360°$ richtig
Aussage 3: $\gamma = 2\beta$ falsch
Aussage 4: $\beta = 180° - \gamma$ richtig
Aussage 5: $\beta < \gamma$ falsch (gilt nicht immer)

b) $A = 0{,}5\,(a + c) \cdot h$

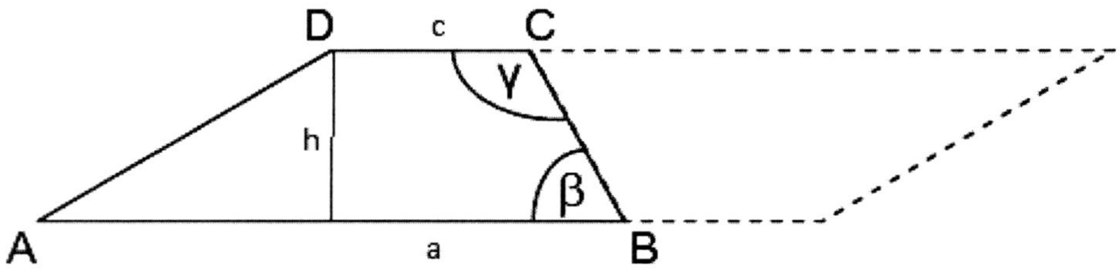

Flächeninhalt eines Parallelogramms : $A = g \cdot h$, wobei $g = a + c$.
Das Parallelogramm entstand durch Anfügung eines kongruenten Trapezes, also
$A_{Trapez} = 0{,}5 \cdot A_{Parallelogramm}$

Aufgabe 3

Hinweise und Tipps
zu c) Es ist sinnvoll die Gleichung in Abhängigkeit von a und b nach x aufzulösen. Dann wird gleich ersichtlich, dass für $a = 7$ und $b \neq 0$ die Frage beantwortet wird.

a) $a = 3, b = 8$ $\quad 3x = 7x + 8 \quad | -7x \quad \Leftrightarrow \quad -4x = 8 \quad | : (-4)$
$x = -2$

b) $x = -5$ $\quad -5a = 7 \cdot (-5) + b \quad \Leftrightarrow \quad b = -5a + 35$
z.B. $a = 0, b = 35$ oder $a = 1, b = 30$
Es gibt unendlich viele Lösungen

c) $ax - 7x = b$ z.B. $a = 7, b = 1$
Für $a = 7$ und $b \neq 0$ hat die Gleichung keine Lösung

Aufgabe 4

Hinweise und Tipps
• Zu Erinnerung: Zu einer Strecke AB heißt eine Gerade m **Mittelsenkrechte**, wenn sie durch die Mitte von [AB] verläuft und zu AB orthogonal (d.h. senkrecht) ist. • Wenn ein Punkt P auf der Mittelsenkrechten m von A und B liegt, dann hat P von A und von B den gleichen Abstand • Punkte, die von einem anderen Punkt weniger als 1,5 cm entfernt sind, liegen im **Kreisinneren** mit dem Radius r = 1,5 cm • Bei einem Kreis muss der Mittelpunkt und der Radius angegeben werden.

"Um die gesuchten Punkte zu markieren, benötige ich zwei Linien. Die Punkte liegen nämlich auf der *Mittelsenkrechten zu [AB]* sowie *im Kreisinneren des Kreises mit dem Mittelpunkt C und dem Radius r = 1,5 cm.*"

Aufgabe 5

Hinweise und Tipps
• zu a) Es gilt das Assoziativgesetz der Multiplikation $a \cdot (b \cdot c) = a \cdot b \cdot c$ aber NICHT $a \cdot (b \cdot c) = a \cdot b \cdot a \cdot c$ • zu b) Achtung Minusfalle: Das Minuszeichen wirkt auf alle Summanden

a) $2a \cdot (1{,}5b \cdot 4a) = 3ab \cdot 4a = 12a^2b$

b) $x - (\frac{3}{7}x + 5) = \frac{4}{7}x - 5$

Aufgabe 6

Hinweise und Tipps

- Zählprinzip: Gibt es n_1 Möglichkeiten für die erste Stelle, n_2 für die zweite, n_3 für die dritte, …….., so gibt es insgesamt $n_1 \cdot n_2 \cdot n_3$ ……… mögliche Zusammenstellungen.
- zu a) Für die 1. Stelle gibt es 5 Möglichkeiten, für die 2. Stelle nur noch 4 Möglichkeiten (eine Möglichkeit ist ja für die 1. Stelle schon weg), für die 3. Stelle 3 Möglichkeiten.
- zu b) Da der Gewinn über 200 € liegen soll, kommt die 1 für die 1. Selle nicht in Frage Also für die 1. Stelle gibt es 4 Möglichkeiten, für die 2. Stelle 4 Möglichkeiten und für die 3. Stelle 3 Möglichkeiten.

a) $5 \cdot 4 \cdot 3 = 60$ Möglichkeiten

b) $4 \cdot 4 \cdot 3 = 48$ Möglichkeiten

Aufgabe 7

Hinweise und Tipps

Uwe Seeler ist allerdings kleiner als 1,80 m. Er ist knapp 1,70 m groß. Dann müsste man mit einer Fußlänge von $2{,}75 \cdot 1{,}70$ m ≈ 450 cm rechnen. aber bei derartigen Aufgaben geht man von einer durchschnittlichen Größe von 1,80 bei Männern und 1,70 m bei Frauen aus.

$s = (f + 1{,}5) \cdot 1{,}5$

a) $s = 39$

$39 = 1{,}5f + 1{,}5 \cdot 1{,}5 \quad \Leftrightarrow \quad 39 = 1{,}5f + 2{,}25 \quad \Leftrightarrow \quad 36{,}75 = 1{,}5f$

$f = 36{,}75 : 1{,}5 = 24{,}5$

Die Fußlänge beträgt 24,5 cm.

b) Durch Abmessen (mit dem Geodreieck) erhält man: Die Fußlänge der Skulptur beträgt ca. die 2,75-fache Länge von Uwe Seeler auf dem Bild.

Ein erwachsener Mann ist durchschnittlich ungefähr 1,80 m groß. Dann ist die Fußlänge der Skulptur $2{,}75 \cdot 1{,}80$ m $= 4{,}95$ m ≈ 5 m $= 500$ cm lang.

$f = 500$ cm $\Longrightarrow s = (500 + 1{,}5) \cdot 1{,}5 = 752{,}25 \approx 750$

Die Schuhgröße beträgt ungefähr 750.

1. Schulaufgabe aus der Mathematik

Aufgabe 1

Bei den in der Tabelle angegebenen Zuordnungen handelt es sich um eine direkte Proportionalität, eine umgekehrte Proportionalität und eine nicht proportionale Zuordnung.

a) Ergänze in den Tabellen zur proportionalen und antiproportionalen Zuordnung die fehlenden Werte.

c) Gib eine passende Zuordnungsvorschrift an.

c) Nenne jeweils 2 Beispiele für eine direkte und eine nicht direkte Zuordnung.

Tabelle I

x	0,9	3	4		12
y		6	4,5	$\frac{10}{3}$	1,5

Tabelle II

x	−3	− 1	2		1,5
y	9	1	4	0	

Tabelle III

x	0,75	$\frac{2}{3}$		1,5	$\frac{1}{7}$
y	5,25	$\frac{14}{3}$	$\frac{35}{6}$	10,5	

Aufgabe 2

7 Seemänner haben Proviant für 24 Tage.

a) Berechne, wie lange dieser Proviant für nur 3 Seemänner reichen würde!

b) Wie viele Seemänner könnten sich von diesem Proviant 28 Tage ernähren?

c) Nach 6 Tagen nehmen sie 2 Schiffbrüchige auf. Wie lange reicht der Proviant noch?

Aufgabe 3

Das Rechteck FISH hat die Breite b und die Länge 2b. Alle Kreismittelpunkte der grauen Figur liegen auf den Mittelpunkten der Seiten des Rechtecks FISH.

a) Gib einen Term für die Umfangslänge U(b) der grauen Figur in Abhängigkeit von b an.
Fasse den Term so weit wie möglich zusammen.

b) Gib einen Term für den Flächeninhalt A(b) der grauen Figur an.
Fasse den Term so weit wie möglich zusammen.

c) Ermittle, um wie viel Prozent der Flächeninhalt der grauen Figur größer ist als der Flächeninhalt des Rechtecks FISH.

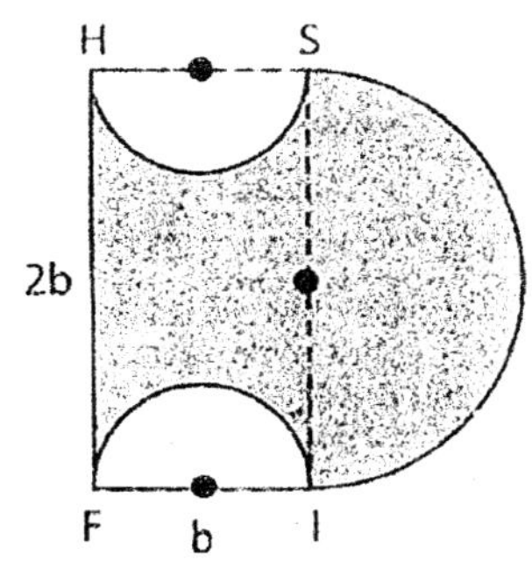

Hinweis: Falls du bei b) kein Ergebnis hast, so rechne mit
$A(b) = 2b^2 + 0{,}28\pi b^2$.

Aufgabe 4

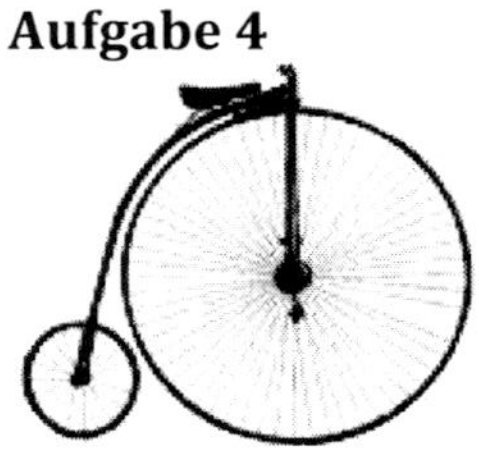

Bei einem Hochrad (siehe Abbildung) beträgt der Durchmesser des Vorderrads 1,50 m und der des Hinterrads 60 cm. Wie viele Umdrehungen macht das Hinterrad, wenn sich das Vorderrad 200-mal dreht?
Berechne auch, welcher Weg zurückgelegt wird.

Aufgabe 5

Eva bekommt zum Geburtstag im Juni ein neues Handy und hat zwei Tarife zur Auswahl:
1.) Tarif „Viel-Tel“: monatliche Grundgebühr 13, 50 €, Minutenpreis 0,33 €
2.) Tarif „Spar-Tel“: monatliche Grundgebühr: keine; Minutenpreis 0,45 €

a) Stelle für beide Tarife die monatlichen Kosten als Funktion der Zeit (x Minuten), die Eva telefoniert, dar. Gib dazu die Funktionsgleichung v(x) = ... für „Viel-Tel“ und s(x) = ... für „Spar-Tel“ an.

b) Welcher der beiden Tarife ist für Eva im Monat Mai günstiger gewesen: Eva hat im Mai jeden Tag etwa 6 Minuten telefoniert.

c) Wie lange kann Eva mit dem „Viel-Tel“ Tarif telefonieren, wenn ihre Tante monatlich 30 € übernimmt und Eva nichts dazu bezahlen will?

Aufgabe 6

Gegeben ist die Funktion $f: x \mapsto -x + 1{,}5$

a) Zeichne den Graph von f in ein Koordinatensystem (LE 1 cm)

b) Bestimme die Nullstelle des Graphen von f (Rechnung).

c) Liegt der Punkt $A(-10|12)$ oberhalb, unterhalb oder auf der Funktion? Begründe rechnerisch.

d) Der Punkt $B(x|-4)$ liegt auf dem Graphen von f. Berechne die fehlende Koordinate.

e) Durch $P(-2|1)$ wird die Parallele g zu f gezeichnet. Bestimme die Funktionsgleichung von g (Rechnung)

f) Welche Steigung hat eine Funktion, die f senkrecht schneidet?

Viel Erfolg!

mögliche Punkteverteilung

Aufgabe	1a	1b	1c	2a	2b	2c	3a	3b	3c	4	5a	5b	5c	6a	6b	6c	6d	6e	6f	
Punkte	2	3	4	1	1	2	2	2	2	3	2	2	2	1	1	2	2	1	1	**35**

Lösung Schulaufgabe 1.1

1. Schulaufgabe aus der Mathematik – Lösung

Vorüberlegungen

Themen dieser Schulaufgabe sind: Proportionalität, Funktionen und Lineare Funktionen, Umfang und Flächeninhalt des Kreises. Die Aufgaben decken alle diese Kapitel des Lehrplans mit mindestens einer Aufgabe ab.

Zu Aufgabe 1 ✔
Solche Zuordnungsaufgaben (Term ↔ Graph) sind häufig gestellte Aufgaben. Diese Aufgabe verlangt eine ausführliche Behandlung des Kapitels Proportionalität. Direkte, indirekte sowie keine Proportionalität sind zu untersuchen. Interessant ist auch die Interpretationsaufgabe zu den Proportionalitäten.

Zu Aufgabe 2
Wiederum ist die Proportionalität ein Thema. Diesmal wird in Form einer Textaufgabe die Anwendung der indirekten (oder auch umgekehrten) Proportionalität geprüft.

Zu Aufgabe 3 ✔
Umfang und Flächeninhalt von Kreisen bzw. Teilen von Kreisen sind in dieser Aufgabe zu behandeln. Dabei steht die funktionale Darstellung im Vordergrund. So ist die Berechnung des Umfangs und der Fläche relativ einfach – eine ausführliche Untersuchung erfolgt in Klasse 10. Typisch ist auch die immer wiederkehrende Berechnung von Prozentwerten.

Zu Aufgabe 4
Es handelt sich um eine interessante Anwendung bzgl. des Kreisumfangs. Eine angenehme Abwechslung zu den meist theoretischen algebraischen Aufgaben.

Zu Aufgabe 5 ✔
Diese Aufgabe stellt den Begriff der Funktion an einer Anwendung aus dem Alltag dar. Diese Art von Aufgaben ist eine beliebte Schulaufgabe. Oft wird noch die Frage gestellt: Ab wann ist der eine Tarif günstiger als der andere. D.h. du musst dann den Schnittpunkt beider Geraden bilden um diese Frage zu beantworten. Oft musst du auch die Graphen der Geraden noch zeichnen. Also wichtig: Übe alle derartige Aufgaben, di im Unterricht besprochen werden.

Zu Aufgabe 6 ✔ ▽
Zum Schluss darf natürlich der theoretische Teil nicht fehlen. Hier werden die Anfänge des Themengebiets „Lineare Funktionen" behandelt. Es ist eine absolute Standardaufgabe und auch wegen der Bedeutung der linearen Funktionen im Abitur von hoher Wichtigkeit.

Fazit
Diese Schulaufgabe hebt sich von anderen Schulaufgaben durch mehr anwendungsbezogene Aussagen ab. Sie ist sehr gelungen, wobei vielleicht die Ergebnisse etwas „runder" hätten gestaltet werden können.

Gesamtpunkte: **35**

Punkte	35 - 30	29-26	25 - 21	20 - 14	12 - 5	4 - 0
Note	1	2	3	4	5	6

Aufgabe 1

Tabelle I

x	0,9	3	4	***5,4***	12
y	***20***	6	4,5	$\frac{10}{3}$	1,5

Es ist $3 \cdot 6 = 4 \cdot 4{,}5 = 12 \cdot 1{,}5 = 18$

Das Produkt p der Werte x und y ist für jedes Paar gleich, somit liegt eine antiproportionale Zuordnung vor: $x \cdot y = 18$

Zuordnungsvorschrift: $y = \frac{1}{18}x$

Tabelle II

x	−3	− 1	2		1,5
y	9	1	4	0	

Es liegt weder eine proportionale noch antiproportionale Zuordnung vor: Bei einer antiproportionalen Zuordnung müssten die Produkte $(x \cdot y)$ gleich sein, was jedoch nicht erfüllt ist:

z.B. $(-3) \cdot 9 = -27$ €, aber $(-1) \cdot 1 = -1$

Bei einer direkten Proportionalität müsste der Proportionalitätsfaktor (Quotient) $k = x : y$ gleich sein, was jedoch auch nicht erfüllt ist.

z.B $(-1) : 1 = -1$ aber $2 : 4 = 0{,}5$

Tabelle III

x	0,75	$\frac{2}{3}$		1,5	$\frac{1}{7}$
y	5,25	$\frac{14}{3}$	$\frac{35}{6}$	10,5	

Der Quotient (Proportionalitätsfaktor $k = \frac{y}{x}$) ist für alle Paare gleich, es liegt eine proportionale Zuordnung vor:

$k = \frac{y}{x} = \frac{5{,}25}{0{,}74} = \frac{525}{75} = 7 = \frac{14}{3} : \frac{2}{3} = 10{,}5 : 1{,}5$

Zuordnungsvorschrift: $y = 7x$

c) proportionale Zuordnung: Je mehr Kilometer, umso höher der Benzinverbrauch (y)
Je mehr Telefoneinheiten (x), umso höher die Kosten (y)
antiproport. Zuordnung: Je mehr Mitesser (x), umso kleiner die Essensportionen
Je weniger Mitreisende, umso höher die Reisekosten

Aufgabe 2

Hinweise und Tipps

- Die Wertepaare x: „Anzahl Seemänner“ und y: „Anzahl Tage“ bilden eine umgekehrte Proportionalität, von der ein Produktpaar $x \cdot y$ bekannt ist.
- Das Produkt $x \cdot y$ ist für alle Wertepaare gleich groß.
- zu a) Es werden 2 Lösungswege gezeigt, wobei die Alternative „Lösung mit einer Gleichung“ die gangbarere scheint.
  In *Alternative 1* erfolgt die Lösung mit einer Gleichung.
  In *Alternative 2* erfolgt die Lösung über eine Schlussrechnung.
- zu c) Denke daran: Für die Seemänner würde der Proviant noch 18 Tage (24 – 6) reichen. Es gibt also einen neuen konstanten Produktwert.

Konstanter Wert der umgekehrten Proportionalität: $k = x \cdot y = 7 \cdot 24 = 168$

a) *Alternative 1:*

$x = 3 \Rightarrow y = 168 : 3 = 56$

Alternative 2:

7 Seemänner ⟶ 24 Tage
1 Seemann ⟶ $24 \cdot 7$ Tage
3 Seemaänner ⟶ $(24 \cdot 7) : 3 = 56$

3 Seemänner könnten sich 56 Tage lang ernähren.

b) $y = 28 \Rightarrow x = 168 : 28 = 6$

6 Seemänner könnten sich von diesem Proviant 28 Tage ernähren.

c) Neuer konstanter Wert: $k = 7 \cdot 18 = 126$

$x = 7 + 2 = 9$ Esser $\Rightarrow y = 126 : 9 = 14$

Der Proviant reicht für 9 Personen noch 14 Tage.

Aufgabe 3

Hinweise und Tipps

- Zu a) Der Umfang eines Kreises: $U = 2 \cdot r\pi$
- Zu b) Der Inhalt eines Kreises ist $r^2\pi$
- Zu c) Das Wörtchen „als“ gibt dir an, welcher Größe du 100% zuweist.
- π kürzt sich bei der Berechnung des Prozentwertes

a) Teile des Umfangs:

∘ Rechteckseite 2b	$U_1 = 2b$
∘ 2 Halbkreise mit r = 0,5b (≙ 1 Vollkreis)	$U_2 = 2 \cdot 0{,}5b\pi$
∘ Halbkreis mit r = b	$U_3 = 0{,}5 \cdot 2 \cdot b\pi$

$U(b) = 2b + b\pi + b\pi = 2b + 2b\pi = 2b \cdot (1 + \pi)$

b) Teile der Fläche:

Rechteck FISH	$A_1 = b \cdot 2b$
Fläche 2 x Halbkreis (r = 0,5b)	$A_2 = 0{,}25b^2\pi$
Fläche Halbkreis (r = b)	$A_3 = 0{,}5 \cdot b^2\pi$

$A(b) = 2b^2 - 0{,}25b^2\pi + 0{,}5b^2\pi = 2b^2 + 0{,}25b^2\pi = b^2 \cdot (2 + 0{,}25\pi)$

c) $2b^2 \triangleq 100\%$

$b^2 \cdot (2 + 0{,}25\pi) \triangleq x$ $\qquad x = \dfrac{100 \cdot b^2(2+0{,}25\pi)}{2b^2} = 139{,}27\%$

Die graue Fläche ist um ca. 39% größer als die des Rechtecks.

Lösung mit Ersatzergebnis $2b^2 + 0{,}28\pi b^2 = 2{,}897b^2$

$$x = \frac{100 \cdot 2{,}897b^2}{2b^2} = 143{,}98\%$$

Aufgabe 4

Hinweise und Tipps
- Beide Räder stellen Kreise dar.
- Der Weg, den ein Rad bei einer Umdrehung zurücklegt, ist gerade der Umfang.
- Der Radius eines Kreises ist die Hälfte des Durchmessers.
- Denke an die zurückgelegte Wegstrecke jedes Rades bei einer Umdrehung.
- Der Umfang eines Kreises beträgt $U = 2r\pi = d\pi$.

Umfang des großen Rades: $U_{groß} = 150\ \pi$ cm
Bei 200 Umdrehungen des großen Rads wird ein Weg von $200 \cdot 150\ \pi$ cm $= 30000\ \pi$ cm $=$ $300\ \pi$ m zurückgelegt.
Umfang des kleinen Rades: $U_{klein} = 60\ \pi$ cm
$30000\ \pi$ cm : $60\ \pi$ cm $= 500$. Das kleine Rad macht 500 Umdrehungen und legt damit auch eine Strecke von $300\ \pi$ m $= 942{,}478$ m $\approx 942{,}5$ m zurück.

Aufgabe 5

Hinweise und Tipps
- Zu a) Die Terme sind jeweils lineare Terme, d.h. die graphische Darstellung ist eine Gerade. Die Gerade zum „Spar-Tel"-Tarif geht durch den Ursprung und ist somit eine Ursprungsgerade.
- Zu b) Achtung: Es wird nach den Kosten für einen Monat gefragt. Bei der Angabe werden aber die Kosten pro Monat angegeben. Der Monat Mai hat 30 Tage.
- Zu c) Ziehe die Grundgebühr von den gegebenen 30 € ab. Die Differenz ist dann der Betrag, den Eva noch zur Verfügung hat.

a) $v(x) = 0{,}33x + 13.50$
$s(x) = 0{,}45x$

b) Eva telefoniert etwa 30 Tage · 6 Minuten = 180 Minuten
$v(180) = 0{,}33 \cdot 180 + 13{,}50 = 59{,}40 + 13{,}50 = 72{,}90$ €
$s(180) = 0{,}45 \cdot 180 = 81{,}00$ €
Der Tarif „Viel-Tel" ist günstiger.

c) Eva hat noch 30,00 — 13,50 € = 16,50 zur Verfügung
16,50 : 0,33 = 650 : 33 = 50
Eva kann 50 Minuten telefonieren

Lösung Schulaufgabe 1.1

Aufgabe 6

Hinweise und Tipps

- zu a) Es gibt 2 Möglichkeiten eine Gerade zu zeichnen:
  1) Trage im Schnittpunkt mit der y-Achse T(0/1,5) das Steigungsdreieck ein (1 Einheit nach rechts und 1 nach unten). Verbinde T und den Eckpunkt des Dreiecks.
  2) Erstelle eine Wertetabelle mit 2 Punkten und verbinde diese. Z.B. T(0/1,5) und P(2/0,5).
- zu b) Nullstelle bestimmen heißt: Bestimme den Schnittpunkt der Geraden mit der x-Achse. Die x-Achse ist auch eine Gerade mit der Gleichung $y = 0$.
- zu b) Bei Angabe der Nullstelle gib beide Koordinaten an: N(1,5 / 0).
- zu c) g Setze die x-Koordinate -10 in die Funktionsgleichung ein und vergleiche das Ergebnis mit dem gegebenen Wert 12.
  Ergänzung: Eine zu g senkrechte (orthogonale) Gerade hat die Steigung $m = -\frac{1}{m_f}$.
- zu d) $y = -4$ in die Funktionsgleichung einsetzen und nach x auflösen
- zu e) Denke daran: Parallele Geraden haben immer die gleiche Steigung.
- zu f) Eine zu f senkrechte (orthogonale) Gerade hat die Steigung $m = -\frac{1}{m_f}$.

a)

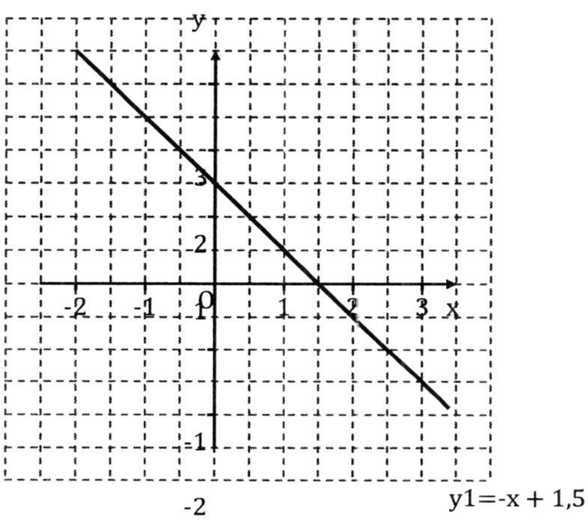

b)

Nullstelle: $f(x) = 0$

$-x + 1,5 = 0 \quad \Leftrightarrow x = 1,5$

Nullstelle: $N(1,5|0)$

c) $f(-10) = -(-10) + 1,5 = 11,5 < 12$

A liegt unterhalb der Funktion f

d) $-4 = -x + 1,5 \quad \Leftrightarrow \quad -x = -5,5$

$x = 5,5$

B hat die Koordinaten $(5,5|-4)$

e) Geradengleichung g: $y = mx + t$

Da g parallel zu f ist, gilt: $m = m_g = -1$; $\qquad y = -x + t$

Bestimmung von t, durch Einsetzen von $P(-2|1)$:

$1 = -(-2) + t \qquad \Leftrightarrow$

$-1 = t$

Geradengleichung g: $x \mapsto -x - 1$

f) Es gilt die Beziehung $m_1 \cdot m_2 = -1$, wobei m_1 und m_2 die Steigungen zweier sich schneidenden Geraden darstellen.

$m_1 = -1$ die Steigung der Funktion f

$-(1) \cdot m_2 = -1 \qquad m_2 = 1.$

Die Steigung ist 1.

1. Schulaufgabe aus der Mathematik

Aufgabe 1

Entscheide, ob folgende Aussagen wahr oder falsch sind.
Hinweis: Bei fehlerhaften Antworten gibt es Punktabzüge.

	wahr	falsch
Die Zuordnung a: *Zahl → Vierte Teil der Zahl* ist eine indirekte Proportionalität.		
Die Zuordnung b: *Zahl → Kehrwert der halben Zahl* ist eine indirekte Proportionalität.		
Jeder Kreis mit dem Mittelpunkt (1 / 1) ist der Graph einer Funktion.		
Jeder Viertelkreis mit dem Mittelpunkt (0 / 0) im ersten Quadranten ist der Graph einer Funktion.		
Jeder Graph einer Funktion hat mindestens eine Nullstelle.		

Aufgabe 2

Ordne den gegebenen vier Funktionsgleichungen jeweils alle passenden Beschreibungen zu, indem du die jeweiligen Kästchen durch Linien verbindest.

$y = 2{,}5\,x$	Der Graph der Funktion verläuft durch den Ursprung.
$y = -2{,}5\,x - 1$	Der Graph der Funktion ist eine steigende Gerade.
$y = x^2$	Der Graph der Funktion verläuft durch den Punkt (−0,2/−0,5).
$y = 2{,}5\,x - 1$	Der Graph der Funktion verläuft durch den Punkt (−2/−6).
	Der Graph der Funktion ist keine Gerade.

Aufgabe 3

Ergänze folgende Tabelle so, dass die angegebenen Größen zueinander <u>indirekt</u> proportional sind! Um was für einen Sachverhalt könnte es sich <u>sinnvollerweise</u> bei der vorliegenden Tabelle zum Beispiel handeln?

Anzahl der Gäste	20	12		9
Portionsgröße		150 g	120 g	

Aufgabe 4

Die Gleichung $y = -\frac{2}{3}x + 3$ beschreibt eine Gerade g.

a) Ermittle die Schnittpunkte S und T dieser Geraden mit den Koordinatenachsen. Zeichne die Gerade mit Hilfe der Punkte S und T in ein Koordinatensystem (Einheit: 1 cm).

b) Gib die Gleichung der zu g senkrechten Geraden h an, die durch den Schnittpunkt der Geraden g mit der y-Achse verläuft. Zeichne h in das Koordinatensystem von a) ein.

c) Die Gleichungen der Geraden g und h bilden ein Gleichungssystem. Gib ohne Rechnung die Lösung des Gleichungssystems an.

d) Berechne den Schnittpunkt U der Geraden h mit der x-Achse und anschließend den Flächeninhalt A des Dreiecks UST.

e) Wie viel % der Gesamtfläche des Dreiecks UST liegt im 1. Quadranten?

Aufgabe 5

a) Berechne den Flächeninhalt A und den Umfang U der nebenstehend abgebildete Figur. Vereinfache die Ergebnisse so weit wie möglich.

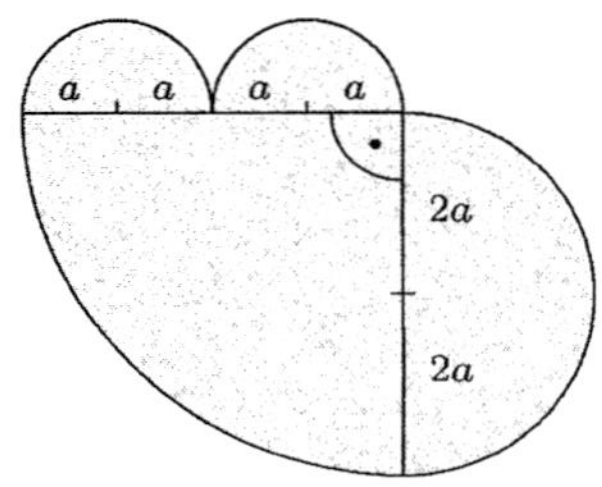

b) Um welchen Faktor ist U größer als der Umfang eines Kreises mit dem Radius 2a?
Um wie viel Prozent ist A größer als die Fläche eines Kreises mit dem Radius 2a?

Viel Erfolg!

mögliche Punkteverteilung

Aufgabe	1	2	3	4a	4b	4c	4d	4e	5a	5b	
Punkte	5	4	4	2	2	2	2	2	4	2	**29**

1. Schulaufgabe aus der Mathematik – Lösung

Lösung Schulaufgabe 1.2

Vorüberlegungen

Themen dieser Schulaufgabe sind: Proportionalität, Funktionen und Lineare Funktionen, Umfang und Flächeninhalt des Kreises. Besonderen Wert wird auf „Lineare Funktionen" gelegt. Diese Aufgabe enthält die wichtigsten Themen dieses Kapitels. Es werden weniger die algebraischen Fähigkeiten geprüft, dafür aber die Definitionen und Folgerungen aus dem Unterricht. Die Zeitvorgabe war 25 Minuten.

Zu Aufgabe 1
Diese Aufgabe prüft dein Wissen sowohl bzgl. der indirekten und indirekten Proportionalität als auch dem Funktionsbegriff. Diese Aufgabe verlangt keine Rechentechnik und sollte bei einer guten Vorbereitung schnell und einfach gelöst werden können.

Zu Aufgabe 2
Auch hier wird nur Grundsätzliches aus dem Bereich „Funktionen" gefragt. Diese Aufgabe dient zum Vorwärmen für die Aufgabe 3. Gute Aufgabe zum Punkten.

Zu Aufgabe 3 ✔
Nahezu in jeder Schulaufgabe der 8. Klasse wird eine unvollständige Tabelle vorgegeben, die aufgrund der Vorgabe einer indirekten oder direkten Proportionalität ergänzt werden soll. Sehr wichtig ist auch die Angabe eines Beispiels aus der Praxis, welches durch die Proportionalität abgebildet werden kann.

Zu Aufgabe 4 ✔ ▽
Diese Aufgabe beinhaltet alles, was ein Lehrerherz begehrt: Zeichnen von Geraden, Bestimmen der Geradengleichung von Geraden, die senkrecht zu einer anderen Geraden sind, Schnittstellenberechnung und der Zusammenhang mit einem linearen Gleichungssystem, Flächenberechnung und zum Schluss noch Prozente ausrechnen. Das ist die ganze Palette bzgl. des Themengebiet „Lineare Funktionen". Also, wenn du die Aufgabe verstehst, dann bist du gut für eine Schulaufgabe gewappnet.

Zu Aufgabe 5 ✔
Umfang und Flächeninhalt von Kreisen bzw. Teilen von Kreisen sind in dieser Aufgabe zu behandeln. Der Radius ist jeweils variabel (keine feste Zahl) und somit steht die funktionale Darstellung in Abhängigkeit eines Parameters im Vordergrund. Dafür ist die Berechnung des Umfangs und der Fläche relativ einfach – eine Vertiefung dieses Stoffes erfährt man dann in der 10. Klasse. Typisch ist auch die immer wiederkehrende Berechnung von Prozent- bzw. Anteilswerten.

Fazit
Interessante kurze Schulaufgabe mit einer anspruchsvollen Aufgabe.

Gesamtpunkte: **29**

Punkte	29 - 25	24 - 21	20 - 15	14 - 7	6 - 4	3 - 0
Note	1	2	3	4	5	6

Aufgabe 1

Hinweise und Tipps

- zu a) Gegenbeispiel: $x = 4; y = 1 / x \cdot y = 4$, aber $x = 8; y = 2 / x \cdot y = 16$
- zu b) Ja, das ist so. Z.B. $x = 4; y = \frac{1}{2} / x \cdot y = 2$ und $x = 8; y = \frac{1}{4} / x \cdot y = 2$
- zu c) Widerspruch zur Regel: Jede Parallele zur y-Achse darf höchstens einen Schnittpunkt mit der Funktion haben
- zu d) Ja, obige Regel wird eingehalten
- zu e) Quatsch. z.B. $f(x) = 4$ (Parallele zur x-Achse) hat keinen Schnittpunkt mit der x-Achse

	w	f
a) Die Zuordnung a: *Zahl → Vierte Teil der Zahl* ist eine indirekte Proportionalität.		X
b) Die Zuordnung b: *Zahl → Kehrwert der halben Zahl* ist eine indirekte Proportionalität.	X	
c) Jeder Kreis mit dem Mittelpunkt (1 / 1) ist der Graph einer Funktion.		X
d) Jeder Viertelkreis mit dem Mittelpunkt (0 /0) im ersten Quadranten ist der Graph einer Funktion.	X	
e) Jeder Graph einer Funktion hat mindestens eine Nullstelle.		X

Aufgabe 2

Hinweise und Tipps

f: $y = 2{,}5x$ ist eine Ursprungsgerade mit $m = 2{,}5 > 0$, steigende Gerade.

$f(-0{,}2) = 2{,}5 \cdot (-0{,}2) = -0{,}5$

$y = -2{,}5 - 1; -2{,}5 \cdot (-0{,}2) - 1 = -0{,}5$

$y = x^2$ ist eine Parabel (und keine Gerade) und geht durch O(0 / 0)

$y = 2{,}5x - 1$ ist steigend, da $m = 2{,}5 > 0$; $2{,}5 \cdot (-2) - 1 = -6$

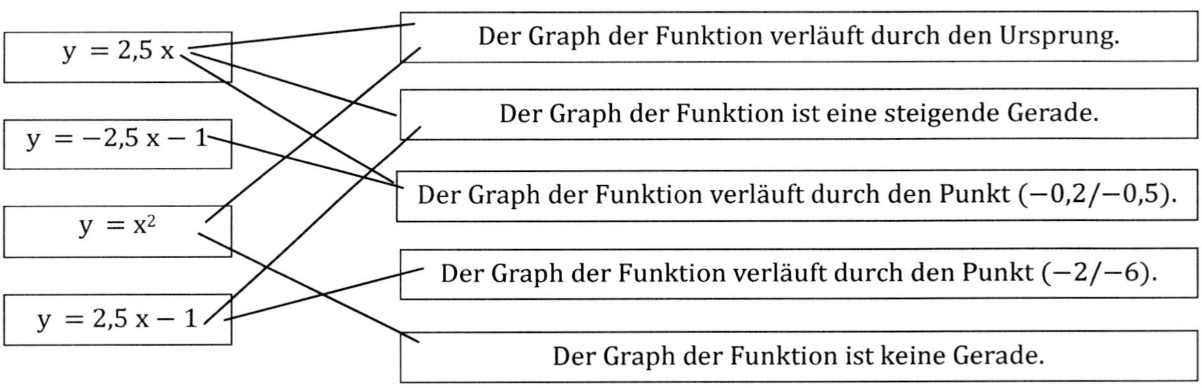

Aufgabe 3

Hinweise und Tipps

- Multipliziere das gegeben Paar x und y. Damit hast du das Produkt, das bei einer umgekehrten oder indirekten Proportionalität für alle Wertepaar gleich sein muss.

$12 \cdot 150\text{ g} = 1800$

Anzahl der Gäste	20	12	1800:120= **15**	9
Portionsgröße	1800 : 20 = **90**	150 g	120 g	1800:9=**200**

Es könnte sich um das Gewicht Küchenstückchen handeln. Je mehr Gäste kommen, umso kleiner werden die Kuchenstücke.

Aufgabe 4

Hinweise und Tipps

- zu a) Die x-Achse ist auch eine Gerade, die die Gleichung $y = 0$ besitzt
  Den Schnittpunkt einer Funktion mit der x-Achse nennt man auch „Nullstelle"
- zu b) Seien m_1 und m_2 die Steigungen von zwei Geraden, die senkrecht aufeinander stehen, dann gilt: $m_1 \cdot m_2 = -1$
- zu d) Da es sich um ein rechtwinkliges Dreieck handelt, berechnet sich der Flächeninhalt als halbes Produkt der Katheten

a) Schnittpunkt S mit der x-Achse: $y = 0$

$-\frac{2}{3}x + 3 = 0 \qquad | -3$

$-\frac{2}{3}x = -3 \qquad | : (-\frac{2}{3})$

$x = -3(-\frac{3}{2}) = \frac{9}{2}$

Der Schnittpunkt S mit der x-Achse ist S(4,5 / 0).

Schnittpunkt mit der y-Achse: $x = 0$

$y = -\frac{2}{3} \cdot 0 + 3 = 3$

Der Schnittpunkt mit der y-Achse ist T(0 / 3).

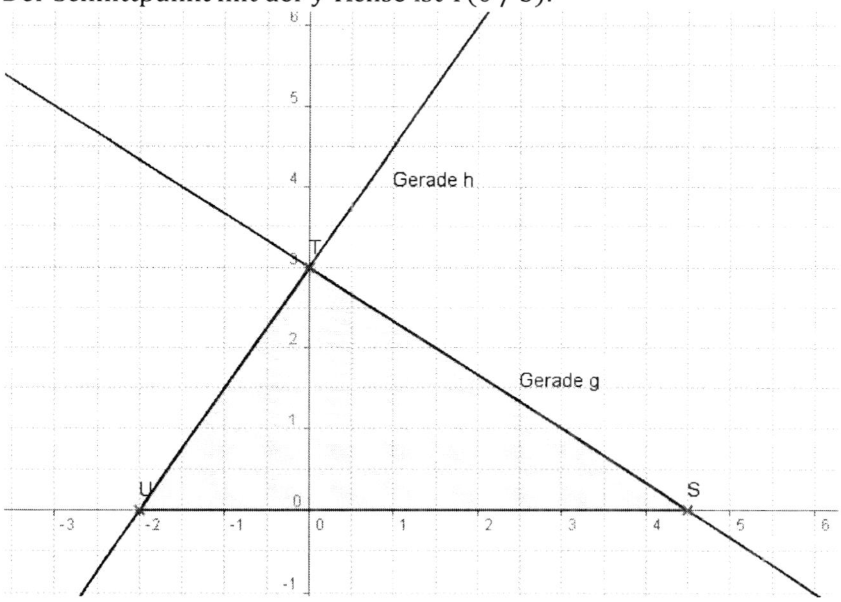

b) Sei $m_1 = -\frac{2}{3}$ die Steigung der Geraden g und m_2 die Steigung der zu g senkrechten Geraden h.

Dann folgt:

$(-\frac{2}{3}) \cdot m_2 = -1$, also $m_2 = 1{,}5$. Damit gilt für die Gerade h: $y = 1{,}5x + t$.

T(0 / 3) in diese Gleichung eingesetzt ergibt:

$3 = 1{,}5 \cdot 0 + t$, also $t = 3$.

Damit gilt für h: $y = 1{,}5x + 3$

c) Aus a) und b) folgt, dass beide Geraden im Punkt T(0 / 3) die y-Achse schneiden und diesen Punkt gemeinsam haben. Die Lösung des Gleichungssystems lautet damit: $\mathbb{L} = \{(0;3)\}$.

d) $y = 0$

$$0 = 1{,}5x + 3 \quad | -3$$
$$1{,}5x = -3 \quad | :1{,}5$$
$$x = -2$$

Die Koordinaten von U lauten: U(−2 / 0).
Es ist O (0 / 0) der Ursprung.

Der Flächeninhalt des Dreiecks UST ist:
$A_{UST} = 0{,}5 \cdot \overline{US} \cdot \overline{OT} = 0{,}5 \cdot 6{,}5 \cdot 3 = 9{,}75\ cm^2$

e) Der Flächeninhalt des Dreiecks OST ist:
$A_{OST} = 0{,}5 \cdot \overline{OS} \cdot \overline{OT} = 0{,}5 \cdot 4{,}5 \cdot 3 = 6{,}75\ cm^2$
Prozentsatz: $(6,75 : 9{,}75) \cdot 100\% = 69{,}23\%$

Aufgabe 5

Hinweise und Tipps

- zu a) Überlege genau, welcher Radius gerade relevant ist
- zu b) Den „Faktor bestimmen" ist gleichwertig mit „Prozentsatz bestimmen"

a) Zusammensetzung des Umfangs und der Fläche:

großer Viertelkreis mit Radius $r = 4a$
$U_1 = 0{,}25 \cdot 2 \cdot 4a \cdot \pi = 2a\,\pi$
$A_1 = 0{,}25 \cdot (4a)^2\,\pi = 4a^2\,\pi$

2 kleine Halbkreise mit $r = a$ zu einem Vollkreis
$U_2 = 2a\pi$
$A_2 = a^2\pi$

Halbkreis mit Radius $r = 2a$
$U_3 = 0{,}5 \cdot 2 \cdot 2a \cdot \pi = 2a\,\pi$
$A_3 = 0{,}5 \cdot (2a)^2 \cdot \pi = 2a^2\pi$

$U = 2a\pi + 2a\pi + 2a\pi = 6a\pi$
$A = 4a^2\,\pi + a^2\pi + 2a^2\pi = 7a^2\pi$

b) $U_{Kreis} = 2 \cdot 2a\pi = 4a\pi$

$$\frac{U}{U_{Kreis}} = \frac{6a\pi}{4a\pi} = \frac{3}{2} = 1{,}5.$$

Der Faktor ist 1,5 oder 150%.

$A_{Kreis} = (2a)^2 \cdot \pi = 4a^2\pi$

$$\frac{A}{A_{Kreis}} = \frac{7a^2\pi}{4a^2\pi} = \frac{7}{4} = 1{,}75.$$ Die Fläche von A ist um 75% größer.

2. Schulaufgabe aus der Mathematik

Aufgabe 1

a) Wie viele Möglichkeiten gibt es, dass beim Roulette-Spiel (37 Zahlen inkl. der Null) in drei aufeinander folgenden Spielen im ersten Spiel eine der Zahlen 1 bis 12, im zweiten Spiel eine ungerade Zahl und im dritten Spiel eine der beiden Zahlen 17 und 5 erscheint?

b) Vanessa legt eine CD mit 10 Liedern in ihren CD-Player ein. Sie drückt die RANDOM Taste, was bedeutet, dass die Lieder zufällig ausgewählt werden (es können Lieder mehrfach ausgewählt werden) Mit welcher Wahrscheinlichkeit hört sie <u>mindestens ein</u> Lied mehrfach?

Aufgabe 2

In einer Urne sind 6 Kugeln: Eine weiße, zwei schwarze und drei rote Kugeln. Eine Kugel wird gezogen. Du achtest auf die Farbe.
Welche der folgenden Aussagen sind wahr und welche falsch?
Gib eine kurze Begründung an.

	Aussage	wahr/falsch	Begründung
a)	Alle Ergebnisse sind gleichwahrscheinlich.	____	____________________
b)	$P(\text{schwarz}) = \frac{1}{3}$	____	____________________
c)	$P(\text{rot}) = 1$	____	____________________
d)	$P(\text{schwarz}) + P(\text{rot}) + P(\text{weiß}) > 1$	____	____________________
e)	$P(\text{gelb}) = 0$	____	____________________
f)	$P(\text{schwarz}) = 1 - P(\text{rot}) - P(\text{weiß})$	____	____________________

Aufgabe 3

Gegeben sind zwei Geraden mit den Gleichungen:
g_1: $y = 3x - 8$ und g_2: $y = x + a$

a) Bestimme a so, dass der Schnittpunkt der Graphen die x-Koordinate $x_s = 5$ hat!

b) Bestimme die y-Koordinate des Schnittpunktes!

Aufgabe 4

Die Gerade g geht durch die beiden Punkte A (−2 /1) und B (3 /4).

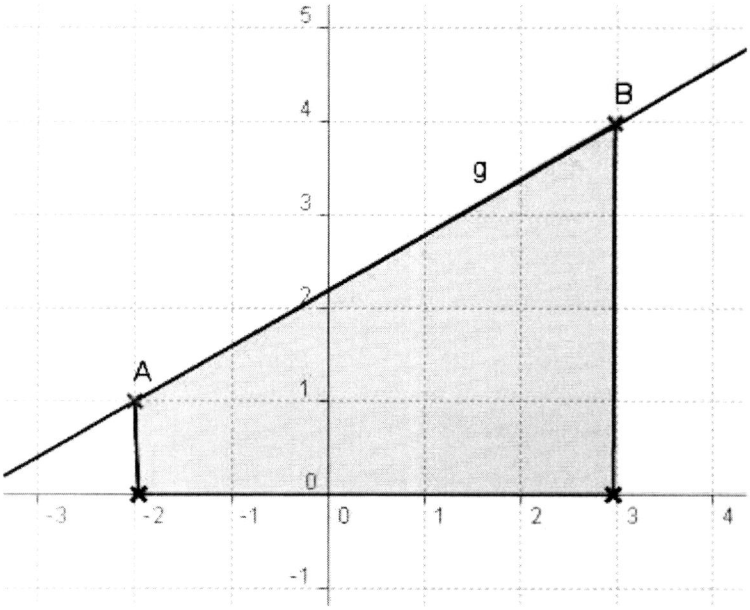

a) Zeige rechnerisch, dass die Funktionsgleichung dieser Geraden $y = 0{,}6x + 2{,}2$ lautet.

b) Gib das Ungleichungssystem an, welches die schraffierte Figur einschließlich Rand beschreibt.

Aufgabe 5

a) Gegeben ist folgendes lineare Gleichungssystem:

I. $4x - 2y = 33$
II. $5x + 2y = 7{,}5$

Welche Lösungsmethode ist hier besonders günstig? Begründe deine Wahl und ermittle die Lösungsmenge mit dieser günstigen Methode.

b) Löse das folgende lineare Gleichungssystem mit dem Einsetzungsverfahren:

I. $y - x = -1{,}44$
II. $3y + 0{,}6x = 0$

c) Gegeben ist folgendes lineare Gleichungssystem:

I. $x + \frac{1}{2}a - y = 0$
II. $-3x + 6 + 3y = 0$

Wie muss man den Wert a wählen, damit das Gleichungssystem unendlich viele Lösungen hat?

Aufgabe 6
Heidi und Seppi unterhalten sich über den Inhalt ihrer Geldbeutel.

Heidi: „Wenn du mir 20% von deinem Geldbeutel gibst, dann habe ich um 13 € mehr als du jetzt in deinem Geldbeutel hast."

Seppi: „Gibst du mir aber 20% von deinem Geld, dann habe ich um 13 € mehr als du dann in deinem Geldbeutel hast."

Wie viel Geld haben die beiden vor dem geplanten Tauschvorhaben?

Viel Erfolg!

mögliche Punkteverteilung

Aufgabe	1a	1b	2a	2b	2c	2d	2e	2f	3a	3b	4a	4b	5a	5b	5c	6	
Punkte	2	3	1	1	1	1	1	1	2	2	3	3	2	2	2	4	**31**

Lösung Schulaufgabe 2.1

2. Schulaufgabe aus der Mathematik – Lösung

Vorüberlegungen

Mit den vielen Themen Zählprinzip, Laplace-Wahrscheinlichkeiten, Lineare Funktionen, Lineare Gleichungssysteme und Ungleichungen wird ein umfangreicher Stoff der 8. Klasse abgedeckt.

Zu Aufgabe 1
Bei dieser Aufgabe ist das Zählprinzip anzuwenden. Das Zählprinzip dient als Grundlage für die recht komplizierte Kombinatorik – die allerdings erst in der Oberstufe behandelt wird. In Teilaufgabe b) muss eine Wahrscheinlichkeit nach Laplace berechnet werden. Die Berechnung der günstigen und möglichen Fälle für ein Ereignis erfolgt über das Zählprinzip.

Zu Aufgabe 2 ✔
Reine Abfrageaufgabe, die dein Wissen bzgl. den Laplace-Wahrscheinlichkeiten prüft. Merkmale wie Gegenwahrscheinlichkeit, Null-Wahrscheinlichkeiten, sichere Wahrscheinlichkeiten, Urnenmodell, Laplace-Voraussetzung ... werden aufgeführt.

Zu Aufgabe 3 ✔
Der Themenbereich „Lineare Funktionen" wird durch diese Aufgabe nur teilweise behandelt. Die Bestimmung von Schnittpunkten ist hier im Mittelpunkt.

Zu Aufgabe 4
Diese Aufgabe beinhaltet zwei Gesichtspunkte:
- Das Aufstellen einer Geradengleichung bei zwei gegebenen Punkten
- Das Abbilden von Ungleichungen im Koordinatensystem

Zu Aufgabe 5 ✔
Klassische Aufgaben zum Thema „Lineare Gleichungssysteme". Alle Sonderheiten wie „keine Lösung" oder „unendliche viele Lösungen" kommen zur Anwendung. Die Aufgaben sind anspruchsvoll, du brauchst schon einen guten Durchblick.

Zu Aufgabe 6
Die Aufgabe ist eine interessante Anwendung, deren Fragen mit einem linearen Gleichungssystem zu lösen sind.

Fazit
Durchwachsene Schulaufgabe, die recht anspruchsvoll ist. Gute Kenntnis der Algebra und gute Ideen werden verlangt.

Gesamtpunkte: **31**

Punkte	31 - 27	26 - 22	21 - 16	15 - 10	9 - 3	2 - 0
Note	1	2	3	4	5	6

Lösung Schulaufgabe 2.1

Aufgabe 1

Hinweise und Tipps

- zu a) Nach dem „Zählprinzip“ ergibt sich die Anzahl der Möglichkeiten als Produkt der einzelnen Möglichkeiten.
- zu b) Sobald in einer Stochastikaufgabe das Wort „mindestens“ fällt, denke an die Gegenwahrscheinlichkeit: $P(A) + P(\bar{A}) = 1$

a) Anzahl Möglichkeiten im 1. Spiel: 12
Anzahl Möglichkeiten im 2. Spiel: 19 (Es gibt 19 ungerade Zahlen)
Anzahl Möglichkeiten im 3. Spiel: 2
Gesamtmöglichkeiten nach dem „Zählprinzip“ $= 12 \cdot 19 \cdot 2 = 456$
Es gibt 456 Möglichkeiten.

b) Es gilt P(mindesten 1x mehrfach) = 1 − P(kein Mal mehrfach)
mögliche Fälle: $10 \cdot 10 \cdot 10 \cdot 10 \cdot 10 = 10^5$
günstige Fälle: $10 \cdot 9 \cdot 8 \cdot 7 \cdot 6 = 30240$
P(Kein mal mehrfach) = 0,3024 = 30,24%
P(Mindesten 1x mehrfach) = 1 − P(kein Mal mehrfach) = 1 − 0,3024 = 0,6976 = 69,76%

Aufgabe 2

Hinweise und Tipps

- zu a) Falls bei einem Zufallsexperiment jeder Versuchsausgang gleichwahrscheinlich ist handelt es sich um ein *Laplace-Experiment.*
- zu b) Denke daran, der Bruchstrich bedeutet nichts anderes als eine Division.
- zu c) Die Wahrscheinlichkeit eines Ereignisses E gleichwahrscheinlicher Elementarereignisse ist gegeben durch:

$$P(E) = \frac{g}{n} = \frac{\text{Anzahl der günstigen Fälle}}{\text{Anzahl der möglichen Fälle}}$$

- zu c) $P(\Omega)$ entspricht der Wahrscheinlichkeit des „sicheren“ Ereignisses und ist 1.

	wahr/falsch	Begründung
a)	falsch	z.B. P(weiß) $= \frac{1}{6}$ aber P(rot) $= \frac{3}{6}$
b)	wahr	Anzahl der günstigen Fälle: 2 Anzahl der möglichen Fälle: 6 P(schwarz) $= \frac{2}{6} = \frac{1}{3}$
c)	falsch	Es gilt $P(\Omega)$ = P(weiße oder rote oder schwarze Kugel wird gezogen) = 1. P(rot) $= \frac{1}{2}$
d)	falsch	Der Wert einer Wahrscheinlichkeit ist immer kleiner oder gleich 1 (und größer oder gleich 0).
e)	wahr	Gelb kommt nicht vor und kann somit nicht gezogen werden. Es ist das unmögliche Ereignis. D.h. es gibt 0 günstige Fälle.
f)	wahr	P(schwarz) ist die Gegenwahrscheinlichkeit zu P(rot oder weiß).

Aufgabe 3

Hinweise und Tipps

- Zur Bestimmung der Schnittpunkte zweier Funktionen werden die y-Werte gleich gesetzt.
- Zwei Gerade können maximal einen Schnittpunkt haben.
- zu a) Schnelleres Rechnen erreichst du, wenn du $x = 5$ so früh wie möglich einsetzt.
- zu b) Du erhältst das gleiche Ergebnis für y, falls du $x_s = 5$ in g_1 oder g_2 einsetzt.

a) Bestimmung des Schnittpunkts: y-Werte gleichsetzen

$3x - 8 = x + a \quad | -x + 8$

$2x = a + 8 \quad | :2$

$x = 0{,}5a + 4$

Jetzt soll $x_s = 5$ sein, also $x_s = 5$ einsetzen:

$5 = 0{,}5a + 4 \quad | -4$

$0{,}5a = 1 \quad | :0{,}5$

$a = 2$

Schnellere Variante: (Gleich am Anfang $x_s = 5$ einsetzen)

$3 \cdot 5 - 8 = 5 + a \quad |$ ausrechnen

$7 = 5 + a \quad | -5$

$2 = a$

b) $x_s = 5$ z.B. in g_1 einsetzen:

$y = 3 \cdot 5 - 8 = 7$

Der Schnittpunkt ist S(5 / 7)

Aufgabe 4

Hinweise und Tipps

- zu a) Die Normalform einer Geradengleichung hat die Form $y = mx + t$, wobei m die Steigung ist und t den Achsenabschnitt des Schnittpunktes der Geraden mit der y-Achse angibt
- zu b) Die x-Achse ist eine Gerade und hat die Geradengleichung $y = 0$

a) g: $y = mx + t$

$A(-2|1) \in g$: I. $1 = -2m + t$

$B(3|4) \in g$: II. $4 = 3m + t$

I. von II. abziehen:

$4 - 1 = 3m - (-2m) + t - t$

$3 = 5m$

$m = 0{,}6$

m in II. einsetzen:

$4 = 3 \cdot 0{,}6 + t$

$t = 2{,}2$

Die Geradengleichung g lautet: $y = 0{,}6x + 2{,}2$

b) Die Punkte liegen unterhalb der Geraden, also: $y \leq 0{,}6x + 2{,}2$.

Gleichzeitig gilt $-2 \leq x \leq 3$

Zusätzlich liegen die Punkte des schraffierten Bereichs oberhalb der y-Achse, also $y \geq 0$.

Also insgesamt:

$y \leq 0{,}6x + 2{,}2$ und $x \geq -2$ und $x \leq 3$ und $y \geq 0$.

Alternative Darstellung: Das Ungleichungssystem zur Beschreibung der angegeben Fig...

I. $y \leq 0{,}6x + 2{,}2$
II. $-2 \leq x \leq 3$
III. $y \geq 0$

Aufgabe 5

Hinweise und Tipps

- Die Lösung schreibt man entweder in der Mengenschreibweise:
  $L = \{(x \mid y)\}$ oder nur $(x \mid y)$.
- Achtung: Bei Gleichungssystemen mit unendlich vielen Lösungen wird oft die exakte Schreibweise verlangt: $L = \{ (x \mid y) \mid y = ax + b \}$ Siehe Aufgabe c)
- zu b) Du kannst in der Gleichung II. die Äquivalenzumformung $| : 3$ durchführen. Das erspart dir Arbeit.
- zu c) Gleichung I. wird mit -3 erweitert, um möglichst viele Übereinstimmungen bei den Koeffizienten in I. und II. zu erzielen.

a) Die günstigste Lösungsmethode ist hier die Additionsmethode.
Begründung: Die Variablen stehen bereits geordnet untereinander. Die Koeffizienten einer Variablen (hier y) sind bis auf das Vorzeichen gleich.

I. $4x - 2y = 33$ I. und II. addieren
II. $5x + 2y = 7{,}5$

I. $4x - 2y = 33$ $| -4x$
II. $9x = 40{,}5$ $| : 9$

I. $-2y = -4x + 33$ $| : (-2)$
II. $x = 4{,}5$

I. $y = 2x - 16{,}5$
II. $x = 4{,}5$

$x = 4{,}5$ in I. eingesetzt führt zu
$y = 2 \cdot 4{,}5 - 16{,}5 = -7{,}5$
$y = -7{,}5$

$L = \{(4{,}5; -7{,}5)\}$

b) I. $y - x = -1{,}44$ | nach y auflösen (Einsetzmethode)
II. $3y + 0{,}6x = 0$ $| : 3$

I. $y = x - 1{,}44$
II. $y + 0{,}2x = 0$

$y = x - 1{,}44$ in II. einsetzen und nach x auflösen:

$x - 1{,}44 + 0{,}2x = 0$
$1{,}2x = 1{,}44$
$x = 1{,}2$

$x = 1{,}2$ in I. einsetzen:
$y = 1{,}2 - 1{,}44 = -0{,}24$

$L = \{ (1{,}2 \mid -0{,}24) \}$

c) I. $x + \frac{1}{2}a - y = 0$
II. $-3x + 6 + 3y = 0$

Damit das Gleichungssystem unendlich viele Lösungen besitzt, müssen beide Gleichungen identisch sein.

I. $-3x - 1{,}5a + 3y = 0$
II. $-3x + 6 + 3y = 0$

Der Wert für a kann nun leicht bestimmt werden:
$-1{,}5a = 6$; d.h. $a = -4$.
Das Gleichungssystem lautet nun:

I. $x - 2 - y = 0$
II. $-3x + 6 + 3y = 0$

Beschreibung der Lösungsmenge:
I. (oder auch II.) nach y aufgelöst ergibt: $y = x - 2$
$L = \{ (x \mid y) \mid y = x - 2 \}$

Aufgabe 6

Hinweise und Tipps
- Beachte folgende Punkte bei Sachanwendungen:
  1) Gib genau an, was die Unbekannten x und y sein sollen.
  2) Übersetze die Textinformationen in zwei Gleichungen.
  3) Löse das Gleichungssystem.
  4) Gib eine Antwort und prüfe gegebenenfalls die Lösung mit einer Probe.
- Aufgepasst: Die Aussage von Seppi genau lesen.
  „..... als du *dann* in deinem Geldbeutel hast." Heidi hat dann nur 80% im Geldbeutel.

x: Heidis Geldbetrag vor dem Tausch
y: Seppis Geldbetrag vor dem Tausch

Heidis Aussage liefert die Gleichung I.:
I. $x + 0{,}2y = y + 13$

Seppis Aussage liefert die Gleichung II.:
II. $y + 0{,}2x = 0{,}8x + 13$

I. $x - 0{,}8y = 13$
II. $-0{,}6x + y = 13$

Lösung mithilfe des Einsetzungsverfahren:

I. nach x auflösen: $x = 0{,}8y + 13$

$x = 0{,}8y + 13$ in II. eingesetzt:

Lösung Schulaufgabe 2.1

$$-0{,}6 \cdot (0{,}8y + 13) + y = 13$$
$$-0{,}48y - 7{,}8 + y = 13$$
$$0{,}52y = 20{,}8$$
$$y = 40$$

$y = 40$ in I. eingesetzt:
$x = 0{,}8 \cdot 40 + 13$
$x = 45$

Antwort: Heidi hatte vor dem Tausch 45 € und Seppi hatte 40 €.

2. Schulaufgabe aus der Mathematik

Aufgabe 1

Eine Urne enthält 90 Kugeln. Ein Drittel der Kugeln davon sind rot, 60% des Restes sind blau, die übrigen Kugeln sind weiß.

a) Gib für das genannte Zufallsexperiment einen Ergebnisraum an.

b) Berechne die Wahrscheinlichkeit für das Ereignis:
„Die gezogene Kugel ist blau."

c) Berechne die Wahrscheinlichkeit für das Ereignis:
„Die gezogene Kugel ist nicht weiß."

Aufgabe 2

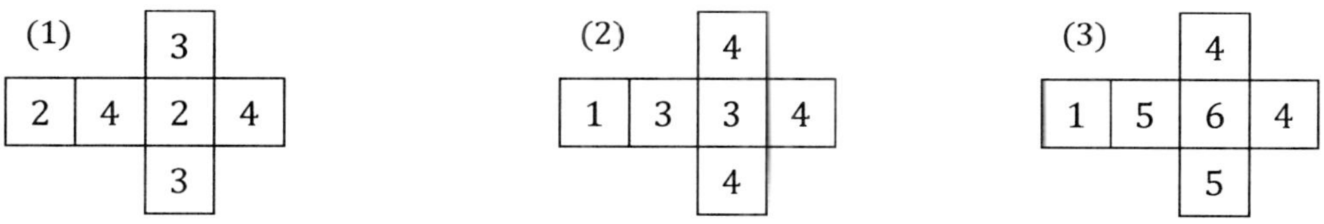

Oben siehst du die Netze dreier Würfel. Der Würfel (1) hat nur die Zahlen 2, 3 und 4, der Würfel (2) nur die Zahlen 1, 3 und 4 und schließlich der Würfel (3) nur die Zahlen 1, 4, 5 und 6.

a) Wie groß ist die Wahrscheinlichkeit für Ereignis A, mit Würfel (2) eine gerade Zahl zu würfeln?

b) Mit einem abgebildeten Würfel wurde 1500-mal gewürfelt. 252-mal war das Ergebnis eine Zahl unter 3.
Welcher Würfel war das deiner Meinung nach?

c) Mit Würfel (3) wurde 600-mal gewürfelt und dabei 197-mal ein bestimmtes Ergebnis erreicht. Welche Ergebnisse können es gewesen sein?

__ 6	__ 1	__ größer als 3
__ 2	__ 5	__ weder 4 noch 5
__ 4	__ größer als 2	__ Primzahl

Aufgabe 3

Der Förderverein der Schule stellt bei einem Schulfest ein Glücksrad auf. Das Glücksrad besteht aus 12 gleichgroßen Feldern. 8 Felder sind weiß, 3 Felder sind blau und 1 Feld ist schwarz. Du kannst dieses Glücksrad für einen Einsatz von 1 € einmal drehen. Bleibt es auf "blau" stehen, gewinnst du einen Trostpreis im Wert von 0,40 € und auf "schwarz" einen Sachpreis von 6 €.

a) wie groß ist die Wahrscheinlichkeit für
(1) "blau"
(2) "schwarz"?

b) Wie groß ist die Wahrscheinlichkeit, bei diesem Spiel zu verlieren?

c) Es werden 300 Spiele durchgeführt. Mit welchem Gewinn kann der Förderverein rechnen?

Aufgabe 4

Gegeben ist das Gleichungssystem

I. $y = 0{,}5x - 1$
II. $-x + 2y - 6 = 0$

a) Begründe und zeige, dass man durch Umformung der Gleichung II. sofort erkennen kann, dass die Lösungsmenge die leere Menge ist.

b) Gegeben ist das Gleichungssystem

I. $y = 2x + t$
II. $y = mx - 4$; $\quad m, t \in \mathbb{Q}$

Welche Werte können m und t annehmen, so dass das System

i) unendlich viele Lösungen bzw.

ii) dass es keine Lösung besitzt?

c) Bestimme für $m = 4$ und $t = 1$ die Lösungsmenge des Gleichungssystems aus b).

Aufgabe 5

In einem gleichschenkligen Dreieck ABC ein Basiswinkel um 12° größer als der Winkel an der Spitze.

Bestimme mit Hilfe eines linearen Gleichungssystems die Weiten der Dreieckswinkel.

Aufgabe 6

Bestimme Definitions- und Lösungsmengen folgender Bruchgleichungen, wobei die Grundmenge $G = \mathbb{Q}$ ist:

a) $\frac{2x-4}{7-3x} = \frac{8+12x}{-18x+2}$

b) $\frac{1}{2-x} + \frac{1}{3+x} = \frac{5}{(x+3)(2-x)}$ c) $\frac{3}{x-5} - \frac{x+5}{-3} = 0$

Viel Erfolg!

mögliche Punkteverteilung

Aufgabe	1a	1b	1c	2a	2b	2c	3a	3b	3c	4a	4b	4c	5	6a	6b	6c	
Punkte	1	2	2	2	3	3	3	2	2	2	2	2	4	2	2	2	36

Lösung Schul-
aufgabe 2.2

2. Schulaufgabe aus der Mathematik – Lösung
Persönliche Einschätzung

Vorüberlegungen
Themen dieser Schulaufgabe sind „Gleichungen und Gleichungssysteme", „Laplace-Wahrscheinlichkeit" und „Bruchgleichungen".

Zu Aufgabe 1 ✔
Im Vergleich zu den vorhergehenden Jahrgangsstufen wird in dieser Aufgabe das Wissen stochastischer Fachausdrücke behandelt. Es gilt, Laplace-Wahrscheinlichkeiten zu berechnen. Kombinatorisches Denken wird verlangt.

Zu Aufgabe 2
Teilaufgabe a) ist eine klassische Stochastikaufgabe, die einstufige Zufallsexperimente beinhalten. Die Teilaufgaben b) und c) berufen sich auf das „empirische Gesetz der großen Zahlen" und sind Aufgabetypen, die für das G8 typisch sind, aber erst an wenigen Schulen so gestellt werden.

Zu Aufgabe 3
Auch hier handelt es sich um ein einstufiges Zufallsexperiment. Indirekt werden hier der Aufgabenbereich „Erwartungswerte" gefragt, was eigentlich erst der Stoff in Q12 ist.
Wie bei vielen G8-Aufgabentypen erfolgt schon eine „sanfte" Vorbereitung auf die Oberstufe.

Zu Aufgabe 4 ✔
Bei dieser Aufgabe steht nicht das reine Lösen von Gleichungssystemen im Vordergrund, sondern deren Lösbarkeit. Es wird Wert auf die Vernetzung zwischen graphischer und rechnerischer Lösung gelegt. Eine Lösung bedeutet: Die entsprechenden Geraden schneiden sich; keine, die entsprechenden Geraden sind parallel und unendlich viele Lösungen. Die Geraden sind identisch.

Zu Aufgabe 5 ✔
Viele Problemstellungen können durch ein System linearer Gleichungen treffend beschrieben werden. Das ist hier der Fall. Die Aufgabe ist ein Beispiel aus der Geometrie. Weitere derartige Aufgaben sind „Mischungsaufgaben" und „Altersaufgaben" (siehe Schulaufgabe 2.1).

Zu Aufgabe 6 ✔ ▽
Diese Aufgaben sind eine Einführung in die „gebrochen rationalen Funktionen". In der 11. Klasse werden solche Funktionen dann sehr ausführlich behandelt, zumal es sich um einen festen Bestandteil der Abituraufgaben handelt.

Fazit
Standardschulaufgabe, die voll dem bayerischen Lehrplan entspricht. Die Aufgaben sind anspruchsvoll, aber lösbar.

Gesamtpunkte: **36**

Punkte	36 - 33	32-27	26 - 21	20 - 14	12 - 5	4 - 0
Note	1	2	3	4	5	6

Aufgabe 1

Hinweise und Tipps

- Die Menge aller möglichen Ergebnisse eines Zufallsexperimentes heißt Ergebnismenge. Sie wird mit Ω bezeichnet. Statt Ergebnismenge sagt man auch Ergebnisraum.
- Dagegen nennt man jede Teilmenge A der Ergebnismenge Ω Ereignis.
- Die Wahrscheinlichkeit eines P(A) eines Ereignisses erhält man, indem man die Anzahl der für A günstigen Fälle durch die Gesamtzahl der möglichen Ergebnisse dividiert.

a) Ergebnisraum $\Omega = \{rot; blau; weiß\}$

b) *Anzahl der roten Kugeln und des „Rests":*

Ein Drittel von 90 Kugeln = 30 Kugeln: Es gibt 30 rote Kugeln.

Damit verbleiben 90 Kugeln − 30 Kugeln = 60 Kugeln als „Rest".

Anzahl der blauen Kugeln:

60% von 60 Kugeln = 36 Kugeln.

Es gibt 36 blaue Kugeln.

Wahrscheinlichkeit, eine blaue Kugel zu ziehen:

$$P(\text{blaue Kugel}) = \frac{\text{Anzahl balue Kugeln}}{\text{Anzahl aller Kugeln}} = \frac{36}{90} = 0{,}4$$

Mit einer Wahrscheinlichkeit von 0,4 = 40% ist die gezogene Kugel blau.

.

c) *Anzahl der weißen und der Nicht-weißen Kugeln:*

60 Kugeln − 36 Kugeln = 24 Kugeln sind weiß.

90 Kugeln − 24 Kugeln = 66 Kugeln sind nicht weiß.

Wahrscheinlichkeit, keine weiße Kugel zu ziehen:

$$P(\text{keine weiße Kugel}) = \frac{\text{Anzahl nicht weiße Kugel}}{\text{Anzahl alle Kugeln}} = \frac{66}{90} = \frac{11}{15}$$

Mit einer Wahrscheinlichkeit von $\frac{11}{15}$ ist die gezogene Kugel nicht weiß.

Aufgabe 2

Hinweise und Tipps

- zu b) Es ist für alle 3 Würfel die Laplace-Wahrscheinlichkeit zu errechnen, dafür, dass die gewürfelte Augenzahl kleiner als 3 ist. Danach vergleichst du die relative Häufigkeit des 1500- maligen Würfelns mit den errechneten Wahrscheinlichkeiten. Nachdem *Empirischen Gesetz der großen Zahlen* nähert sich die relative Häufigkeit an die tatsächliche Wahrscheinlichkeit. kannst du die zu erwartende Anzahl der Würfe mit einer Augenzahl kleiner als 3 errechnen. sind die Wahrscheinlichkeiten mit der relativen Häufigkeit des 1500 - maligen Würfels zu vergleichen.
- zu c) Du musst für alle Wahlmöglichkeiten die Laplace-Wahrscheinlichkeit bilden und dann mit der relativen Häufigkeit des Zufallsexperiments vergleichen

a) Für A günstige Fälle: Würfel (2) hat nur 3 gerade Zahlen, nämlich 3-mal die 4.

Mögliche Fälle: 6. Entsprechend dem Laplace'schen Wahrscheinlichkeitsformel gilt:

$$P(A) = \frac{\text{Anzahl günstige Fälle}}{\text{Anzahl mögliche Fälle}} = \frac{3}{6} = \frac{1}{2} = 50\%$$

Lösung Schulaufgabe 2.2

b) Sei E_1 das Ereignis, mit Würfel (1) eine Zahl unter 3 zu würfeln.

$$P(E_1) = \frac{\text{Anzahl günstiger Fälle}}{\text{Alle mögliche Fälle}} = \frac{2}{6} = \frac{1}{3} = 0{,}3333...$$

Sei E_2 das Ereignis, mit Würfel (2) eine Zahl unter 3 zu würfeln: Dann ist

$$P(E_2) = \frac{\text{Anzahl günstiger Fälle}}{\text{Alle mögliche Fälle}} = \frac{1}{6} = 0166666..$$

Sei E_3 das Ereignis, mit Würfel (3) eine Zahl unter 3 zu würfeln: Dann ist

$$P(E_3) = \frac{\text{Anzahl günstiger Fälle}}{\text{Alle mögliche Fälle}} = \frac{1}{6} = 0{,}166666...$$

Die relative Häufigkeit des Versuchs ist $\frac{252}{1500} = 0{,}168$.

Die Wahrscheinlichkeiten $P(E_2)$ und $P(E_3) = \frac{1}{6} = 0{,}166666.$ liegen ziemlich nahe bei 0,168, im Gegensatz zu $P(E_1) = \frac{1}{3} = 0{,}33333...$

Ergebnis: Es ist entweder mit Würfel (2) oder Würfel (3) gewürfelt worden.

c) relative Häufigkeit = $\frac{197}{600} = 0{,}328333..$

P("Werfen einer 6") = P("Werfen einer 6") = $\frac{1}{6} = 0{,}1666...$ Diese Zahl liegt "weit" weg von der relativen Häufigkeit 0,328333.... --> Beide nicht ankreuzen

P("Werfen einer 2") = 0 unmögliche Ereignis --> Nicht ankreuzen.

P("Werfen einer 4") = P("Werfen einer 5") = $\frac{2}{6} = 0{,}333...$ Die 4 als auch die 5 kommt jeweils 2-mal vor. Die Wahrscheinlichkeit liegt sehr "nahe" bei 0,328333... --> Beide ankreuzen.

P("Werfen einer Zahl größer als 2") = P("Werfen einer Zahl größer als 3")= $\frac{5}{6} = 0{,}8333...$ Die Wahrscheinlichkeit liegt zu "weit" von der relativen Häufigkeit --> Nicht ankreuzen.

P('Werfen einer Zahl weder 4 noch 5") = $\frac{2}{6} = 0{,}333...$ --> Ankreuzen

P("Werfen einer Primzahl") = $\frac{2}{6}$ = 0,333.... --> Ankreuzen.

Zusammenfassung: Immer wenn die Anzahl der für das entsprechende Ereignis der günstigen Fälle 2 ist, ergibt sich die Wahrscheinlichkeit von 0,333..., die sehr nahe an der relativen Häufigkeit liegt.

Aufgabe 3

a) Das Glücksrad hat 12 gleich große Felder. Davon ist eins schwarz gefärbt, drei sind blau gefärbt. a1) P("blau") = $\frac{\text{Anzahl der günstigen Ergebisse}}{\text{Anzahl der möglichen Ergbnisse}} = \frac{3}{12} = \frac{1}{4} = 25\%$

a2) P("schwarz") = $\frac{1}{12}$

b) Von den 12 Feldern des Glückrades sind 8 weder blau noch schwarz gefärbt; also verlierst du das Spiel, wenn das Glücksrad auf einem derartigen Feld stehen bleibt.

P("Verlust") = $\frac{8}{12} = \frac{2}{3}$

c) Bei 300 Spielen hat der Förderverein zunächst Einnahmen in Höhe von 300 €.
Bei jedem 4. Spiel durchschnittlich ist ein Trostpreis fällig, bei ungefähr jedem 12. Spiel ein Sachpreis.

$300 : 4 = 75$; $300 : 12 = 25$

75 Trostpreise kosten 30 € (= $75 \cdot 0{,}40$ €)

25 Sachpreise kosten 150 € (= $25 \cdot 6$ €)

Von den Einnahmen gehen ca. 180 € für Gewinne ab, also kann der Förderverein mit etwa 12 € Gewinn auf dem Schulfest rechnen.

Aufgabe 4

Hinweise und Tipps

zu a) Denke daran, zwei Geraden, die unterschiedliche Steigung haben, schneiden sich in genau einem Punkt.

zu b) Nachdem du eine Variable errechnet hast, kannst du diese dann in Gleichung I. oder II. einsetzen; du erhältst jeweils das gleiche Ergebnis für die andere Variable.

zu c) $y = mx + t$ heißt auch die Normalform einer Geradengleichung; m gibt die Steigung der Geraden an und t den y-Achsenabschnittspunkt, $(0 \mid t)$ durch den die Gerade geht.

a)

I. $y = 0{,}5x + 1$
II. $-x + 2y - 6 = 0$ | Nach y auflösen

I. $y = 0{,}5x + 1$
II. $y = 0{,}5x + 3$

Beide Gleichungen sind Geraden mit gleicher Steigung. Sie schneiden sich aber nicht, da sie parallel sind und verschiedene Schnittpunkte mit der y-Achse haben.

b) i) Unendlich viel Lösungen
Das Gleichungssystem besitzt unendlich viele Lösungen, wenn die beiden Geraden äquivalent sind, d.h. wenn sie identisch sind. Dies ist dann der Fall, wenn $m = 2$ und $t = -4$.

ii) Das Gleichungssystem besitzt keine Lösung, wenn die beiden Geraden die gleiche Steigung, aber unterschiedlichen Schnittpunkt mit der y-Achse t besitzen. Die Geraden sind dann parallel falls
$m = 2$ und $t \neq -4$.
Z.B: $y = 2x + 1$ und $y = 2x + 3$

c) $y = 2x + 1$ und $y = 4x - 4$ Gleichsetzungsverfahren
$4x - 4 = 2x + 1$ $| -2x + 4$
$2x = 5 \Leftrightarrow x = 2{,}5$ Einsetzen z.B. in 1. Gleichung: $y = 2 \cdot 2{,}5 + 1 = 6$
$L = \{(2{,}5 \mid 6)\}$

Aufgabe 5

Hinweise und Tipps

- Beachte folgende Punkte bei Sachanwendungen:
  1) Gib genau an, wofür die Unbekannten x und y stehen.
  2) Übersetze die Textinformationen in Gleichungen.
  3) Löse das Gleichungssystem.
  4) Gib eine Antwort und prüfe die Lösung gegebenenfalls mit einer Probe.

- Benutze den Winkelsummensatz: In einem Dreieck ergeben alle drei Innenwinkel 180°.
- Bei einem gleichschenkligen Dreieck sind die Basiswinkel gleich groß.

Es seien α=ß die Basiswinkel, γ ist der Winkel an der Spitze.

Es gelten folgende Beziehungen (Gleichungen):

I. $\alpha + \alpha + \gamma = 180°$

II. $\alpha = \gamma + 12°$

Nach dem Einsetzungsverfahren (II. in I. einsetzen) gilt:

$2 \cdot (\gamma + 12) + \gamma = 180°$

$3\gamma + 24° = 180° \quad | - 24°$

$3\gamma = 156° \quad | : 3$

$\gamma = 52°$

$\gamma = 52°$ in II. einsetzen:

$\alpha = 52° + 12°$

$\alpha = 64° = \beta$

Probe:

I. $2 \cdot 64° + 52° = 128° + 52° = 180°$ (Stimmt)

II. $64° = 54° + 12°$ (Stimmt)

Antwort: Die Basiswinkel α und β betragen jeweils 64°, der Winkel an der Spitze beträgt 52°.

Aufgabe 6

Hinweise und Tipps

- zu a) Da es sich um eine Bruchgleichung handelt – und damit x im Nenner vorkommt – ist zu untersuchen, für welche x der Nenner 0 wird
- zu a) Bei Zähler und Nenner soweit wie möglich gemeinsame Faktoren ausklammern und dann kürzen
- zu b) Beachte, dass der Hauptnenner $(x + 3) \cdot (2 - x)$ ist. Mit diesem Nenner ist die Bruchgleichung zu multiplizieren.
- zu c) Denke daran: $\frac{-a}{b} = \frac{a}{-b} = -\frac{a}{b}$
- zu c) Man vereinfacht wenn man zuerst „Minus mal Minus" rechnet

a) $\frac{2x-4}{7-3x} = \frac{8+12x}{-18x+2}$

Definitionsbereich: Für welche $x \in \mathbb{Q}$ werden die Nenner = 0:

Nenner 1: $7 - 3x = 0 \quad | -7$

$-3x = -7 \quad | : (-3)$

$x = \frac{7}{3}$

Nenner 2: $-18x + 2 = 0 \quad | -2$

$-18x = -2 \quad | : (-18)$

$x = \frac{2}{18} = \frac{1}{9}$

$D = \mathbb{Q} \setminus \{\frac{7}{3}; \frac{1}{9}\}$

$\frac{2\cdot(x-2)}{7-3x} = \frac{4\cdot(2+3x)}{2\cdot(-9x+1)}$ | : 2 und kürzen

$\frac{x-2}{7-3x} = \frac{2+3x}{-9x+1}$ | $\cdot (7-3x)\cdot(-9x+1)$

$(x-2)\cdot(-9x+1) = (2+3x)\cdot(7-3x)$ | ausmultiplizieren

$-9x^2 + x + 18x - 2 = 14 - 6x + 21x - 9x^2$ | ausrechnen

$-9x^2 + 19x - 2 = 14 + 15x - 9x^2$ | $+9x^2 - 15x + 2$

$4x = 16$ | : 4

$x = 4$

$IL = \{4\}$

b) $\frac{1}{2-x} + \frac{1}{3+x} = \frac{5}{(x+3)(2-x)}$

$2 - x = 0 \Leftrightarrow x = 2$

$3 + x = 0 \Leftrightarrow x = -3$

Der Nenner der rechten Seite wird ebenfalls für x = 2 und x = 3 Null.

$D = \mathbb{Q} \setminus \{-3\,;2\}$

$\frac{1}{2-x} + \frac{1}{3+x} = \frac{5}{(x+3)(2-x)}$ | $\cdot (x+3)\cdot(2-x)$

$3 + x + 2 - x = 5$ | ausrechnen

$5 = 5$

Die Gleichung gilt für alle $x \in \mathbb{Q}$. D.h. $IL = \mathbb{Q}$

c) $\frac{3}{x-5} - \frac{x+5}{-3} = 0$

$x - 5 = 0 \Leftrightarrow x = 5$ $D = \mathbb{Q} \setminus \{5\}$

$\frac{3}{x-5} + \frac{x+5}{3} = 0$ | $\cdot 3(x-5)$ Hauptnenner

$9 + (x+5)\cdot(x-5) = 0$

$9 + x^2 - 25 = 0$

$x^2 - 16 = 0 \Leftrightarrow x^2 = 16$ $IL = \{-4; 4\}$

3. Schulaufgabe aus der Mathematik

Aufgabe 1

Ordne den drei Graphen in der unten stehenden Zeichnung jeweils einen der folgenden Funktionsterme zu. Begründe jeweils!

(1) $\frac{1}{x}+1$ (2) $\frac{1}{x+3}+3$ (3) $\frac{-1}{x+2}-1$ (4) $\frac{1}{x^2}+1$

(5) $\frac{-1}{x+3}-3$ (6) $\frac{1}{x+2}-1$ (7) $\frac{1}{x^3}+1$ (8) $\frac{1}{x-3}-3$

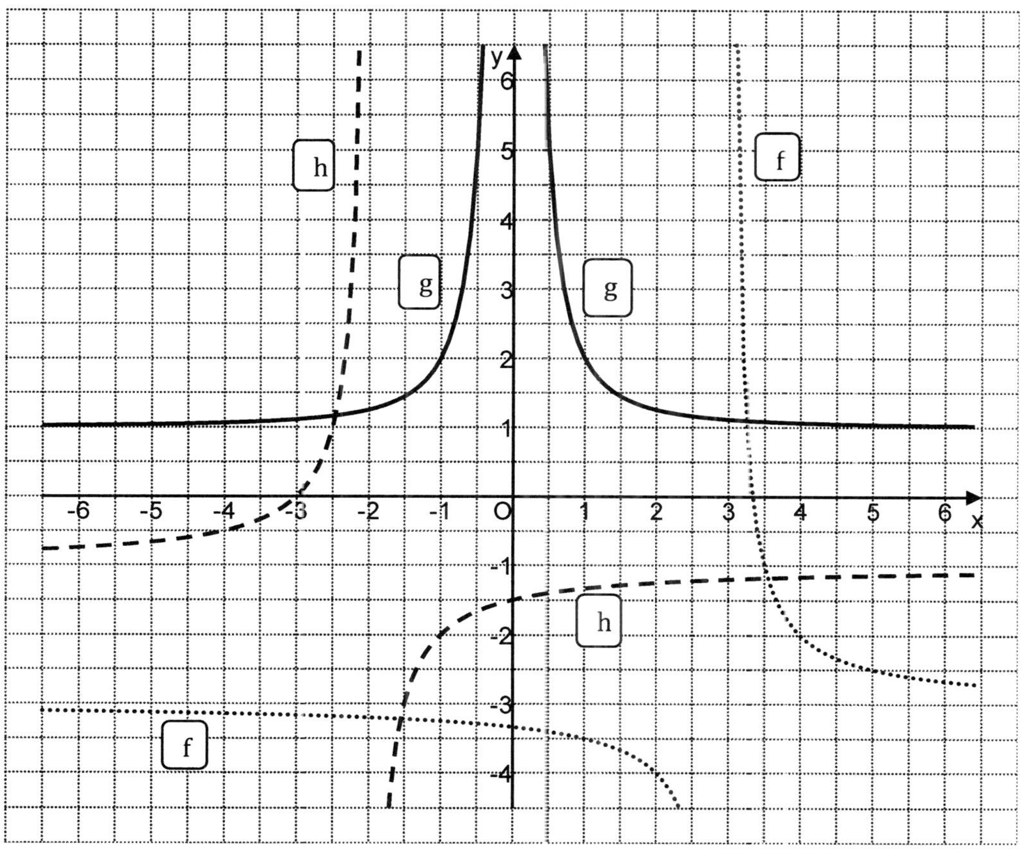

Aufgabe 2

Gib für folgende Funktionen jeweils

- die größtmögliche Definitionsmenge
- die senkrechten Asymptoten
- die waagrechten Asymptoten

an.

a) $f(x) = y = \frac{1-x}{1-4x}$

b) $g(x) = y = \frac{3}{2(x^2-9)}$

Aufgabe 3

Gegeben ist die Funktion f: $f(x) = \frac{1}{x-2}$

a) Gib die Definitionsmenge an und zeichne den Graphen von f in ein Koordinatensystem. *(Einheit: 1 cm)*

b) Bestimme die Gleichungen der Asymptoten und prüfe durch Rechnung, ob der Punkt $P(-1/-\frac{1}{3})$ auf G_f liegt.

c) Ermittle die Lösung der Gleichung $\frac{1}{x-2} = 1$ mit Hilfe des Graphen G_f.

d) Prüfe, ob folgende vier Terme zum Funktionsterm $\frac{1}{x-2}$ äquivalent sind!

Weise die Äquivalenz nach!

$T_1(x) = (x-2)^{-1}$; $T_2(x) = -\frac{3}{6-3x}$; $T_3(x) = \frac{1}{x} - \frac{1}{2}$;

$T_4(x) = \frac{2}{x-2} + \frac{1}{2-x}$

Aufgabe 4

Zeige **rechnerisch**, dass die einzige Höhe, die **im Inneren** eines rechtwinkligen Dreiecks verläuft, dieses Dreieck in 2 zueinander und zum gesamten Dreieck ähnliche Dreiecke teilt!

Aufgabe 5

In der nebenstehenden Figur gilt:

$\overline{ZA} = 6$ cm, $\overline{ZA'} = 10{,}5$ cm,

$\overline{BB'} = 3$ cm, $\overline{AB} = 5$ cm

(Zeichnung nicht maßstabsgetreu!)

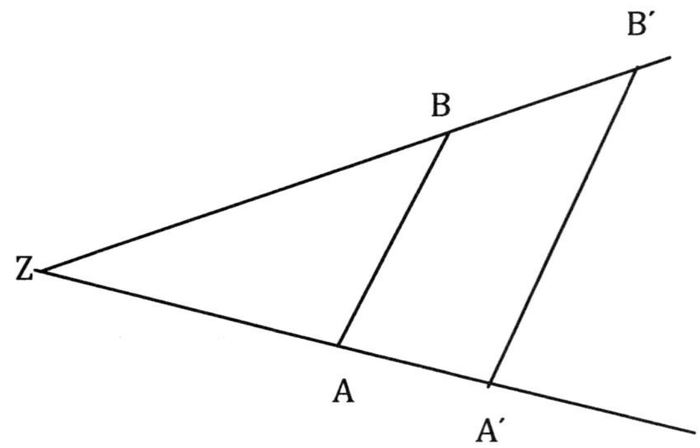

Von welcher geometrischen Bedingung muss man ausgehen, damit es sich um eine Strahlensatzfigur handelt?

Berechne so dann: $\overline{A'B'}$ und $\overline{ZB'}$.

Aufgabe 6

Bei Bergfahrten sieht man häufig Straßenschilder, die die Steigung bzw. das Gefälle einer Straße in Prozent angeben. 21% bedeutet, dass die Straße auf 100 m horizontal gemessen um 21 m ansteigt. (Siehe Figur, die nicht maßstabsgetreu ist.)

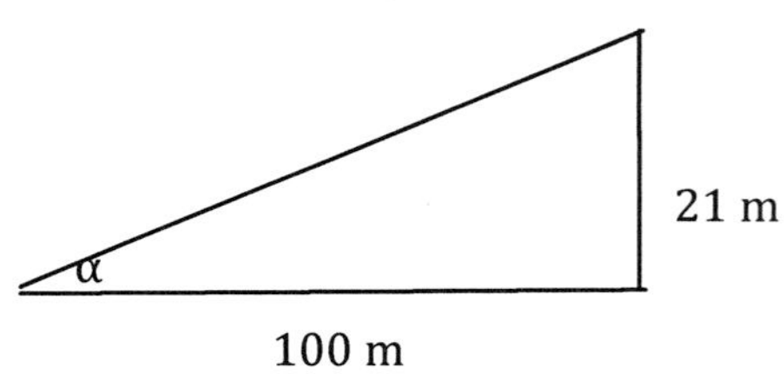

a) Welchen Höhenunterschied überwindet die Straße auf 1,2 km?

b) Wie groß ist der Steigungswinkel α eines Weges, dessen Steigung 100 % beträgt?

c) Welche Prozentzahl steht auf dem Schild, falls eine Straße auf 1,2 km einen Höhenunterschied von 144 m überwindet?

Viel Erfolg!

Lösung Schulaufgabe 3.1

3. Schulaufgabe aus der Mathematik – Lösung

Vorüberlegungen

Dominantes Thema dieser Schulaufgabe sind die „Gebrochen rationale Funktionen". Auch werden Aufgaben zur „Ähnlichkeit" und zum „Strahlensatz" gestellt.

Zu Aufgabe 1 ✔ ▽

Die Zuordnungsaufgabe (Term ↔ Graph) sind beliebte Aufgaben. Solche Aufgaben sollen laut Lehrplan in der 8. Klasse lediglich als Vorbereitung auf die 11. Klasse dienen. Der Lehrplan der 11. Klasse sieht eine ausführliche Untersuchung von gebrochen rationalen Funktionen vor. Deshalb ist diese Aufgabe für die 8. Klasse sehr schwer bzw. sehr ehrgeizig. Nicht alle Lehrer vertiefen den Stoff so.

Zu Aufgabe 2 ✔ ▽

Diese Aufgabe untersucht ebenfalls „Gebrochen rationale Funktionen". Hier handelt es sich aber um Standardaufgaben, die gelöst werden können.

Zu Aufgabe 3 ✔ ▽

Auch diese Aufgabe hat die „Gebrochen rationale Funktionen" zum Thema. Hierbei steht der funktionale Aspekt im Vordergrund. Kurvenuntersuchung, graphische Lösungsverfahren zum Bestimmen von Schnittpunkten und Äquivalenzumformungen gehören zum absoluten Abiturstoff. Zu den Umformungen in Teilaufgabe d) brauchst du eine sichere algebraische Technik.

Zu Aufgabe 4

Diese Aufgabe behandelt das Thema „Ähnliche Figuren" und im Besonderen Ähnlichkeitssätze für Dreiecke. Manche Lehrer lassen das Thema aus Zeitnot (Stundenausfall) oft weg bzw. streifen es nur am Rand, zumal dieses Kapitel am Ende des Schuljahres anfällt. Für diese Aufgabe wird der WW-Satz angewendet: „Zwei Dreiecke sind dann ähnlich, wenn sie in zwei (und damit in allen drei) Winkeln übereinstimmen."

Zu Aufgabe 5

Es handelt sich um eine klassische Strahlensatzaufgabe.

Zu Aufgabe 6

Auch Aufgabe 6 ist mit dem Strahlensatz zu lösen. Sollte im Unterricht solche „Steigungsaufgaben" nicht besprochen worden sein, muss man diese Situation mathematisch umsetzen können. Wenn man es verstanden hat, ist das eine einfache Anwendung des Strahlensatzes. Eine innovative Aufgabe.

Fazit

Es ist eine interessante und faire Schulaufgabe, die sich von vielen anderen Schulaufgaben durch die Vielfalt der Aufgabentypen unterscheidet.

Gesamtpunkte: **34**

Punkte	34 - 31	30-24	24 - 19	18 - 12	11 - 3	2 - 0
Note	1	2	3	4	5	6

Aufgabe 1

Lösung Schulaufgabe 3.1

Hinweise und Tipps

- Bei der Untersuchung von gebrochen rationalen Funktionen sind zuerst die senkrechte und waagrechte Asymptote zu bestimmen.
- Eine Funktion der Form $f(x) = \frac{1}{x^n - a} + b$ (wobei n ungerade) ist eine Hyperbel, die um a Einheiten nach rechts!! und um b Einheiten nach oben verschoben ist.
- Eine Hyperbel mit dem Funktionsterm $-\frac{1}{x}$ geht durch Spiegelung der Hyperbel $\frac{1}{x}$ an der x-Achse (bzw. waagrechten Tangente) hervor.
- Gebrochen rationale Funktionen, deren größter Exponent im Nenner gerade ist, ist eine Hyperbel die symmetrisch zur senkrechten Asymptote ist.

Untersuchung des Graphen g:

g(x) ist symmetrisch zur y-Achse. D.h. der höchste Polynomgrad im Nenner ist gerade. Es gibt nur eine Funktion, die diese Bedingung erfüllt, nämlich (4). Dem Graphen von g entspricht der Funktionsterm (4) $g(x) = \frac{1}{x^2} + 1$

Weitere Eigenschaften: Es ist offensichtlich, dass g(x) die senkrechte Asymptote $x = 0$ (y-Achse) besitzt. Die waagrechte Asymptote ist $y = 1$ (Parallele zur x-Achse).

Untersuchung des Graphen h:

h(x) ist eine ungerade Hyperbel, d.h. im Nenner ist der höchste Polynomgrad ungerade. Die senkrechte Asymptote hat die Gleichung $x = -2$. Man kann die waagrechte Asymptote $y = -1$ ablesen. Beide Asymptoten zeigen, dass es sich um eine Hyperbel handelt, die um 2 Einheiten nach links und um 1 Einheit nach unten verschoben ist. Das wird nur von (2) und (3) erfüllt. Der rechte Hyperbelast liegt rechts unten und der linke Ast links oben, d.h. die Hyperbel ist ist an der Asymptote $y = -1$ gespiegelt. Dem Graphen von h entspricht der Funktionsterm

$h(x) = \frac{-1}{x+2} - 1$ (3)

Untersuchung des Graphen f:

Die senkrechte Asymptote ist $x = 3$ und die waagrechte Asymptote $y = -3$. D.h. der Funktionsterm (8) entspricht dem Graphen f: $f(x) = \frac{1}{x-3} - 3$.

Aufgabe 2

Hinweise und Tipps

- Definitionslücken bei gebrochen rationalen Funktionen errechnen sich aus den Nullstellen des Nenners, da ein Bruch mit dem Nenner 0 nicht definiert ist.
- Die Nullstellen des Nenners sind auch die senkrechten Asymptoten, außer es handelt sich um eine Lücke.
- Waagrechte Asymptote: Wenn der größte Exponent im Nenner größer als der vom Zähler ist, dann lautet die Asymptote $y = 0$ (x-Achse).
- zu a) Haben jedoch beide Exponenten den gleichen Wert, dann klammere diesen Potenzwert im Nenner und Zähler aus und kürze.
- zu a) Kurzversion: Teile die beiden Koeffizienten; hier $\frac{-1}{-4}$
- zu b) Denke an die 3. Binomische Formel

a) Definitionsbereich:

$$1 - 4x = 0 \quad | -1$$
$$-4x = -1 \quad | :(-4)$$
$$x = 0{,}25 \qquad D = \mathbb{Q} \setminus \{0{,}25\}$$

senkrechte Asymptote:
$x = 0{,}25$ (Parallel zur y-Achse)

waagrechte Asymptote:

$y = \frac{1-x}{1-4x}$ | größter Exponentwert x, d.h. x ausklammern

$$y = \frac{x\cdot(\frac{1}{x}-1)}{x\cdot(\frac{1}{x}-4)} = \frac{\frac{1}{x}-1}{\frac{1}{x}-4}$$

Für große x strebt die Funktion nun gegen $\frac{-1}{-4} = 0{,}25$.
Die waagrechte Asymptote lautet $y = 0{,}25$.

b) Definitionsmenge:
$g(x) = \frac{3}{(x+3)\cdot(x-3)}$
Definitionslücken: Der Nenner wird 0 für $x = 3$ und $x = -3$.
Definitionsmenge: $\mathbb{Q} \setminus \{-3\,;3\}$
senkrechte Asymptoten:
$x = 3$ und $x = -3$
waagrechte Asymptoten:
x^2 im Nenner wird für große x „unendlich" groß, während der Zähler konstant bleibt. Insgesamt wird der Bruch 0 für große x. Damit hat die waagrechte Asymptote die Gleichung $y = 0$.

Aufgabe 3

Hinweise und Tipps

- Zu a) Nenner 0 setzen
- Zu a) Oft wird vergessen, die Definitionsmenge anzugeben. Merke: Die Definitionsmenge ist die Grundmenge (meist $\mathbb{Q}$) ohne der(n) Definitionslücke(n).
- Zu b) Die Definitionslücke ist eine senkrechte Asymptote (außer es ist eine Lücke). Waagrechte Asymptoten: Wie verhält sich f(x) für große x? Dabei ist auch zu untersuchen, was „macht" f(x) falls x gegen $-\infty$ geht
- Zu b) Denke daran: $\frac{1}{-3} = -\frac{1}{3}$ $(= \frac{-1}{3})$
- Zu c) P in f einsetzen und prüfe ob eine wahre Aussage entsteht
- Zu d) Betrachte die Funktion $g(x) = 1$. Wenn du nun die Schnittpunkte f(x) und g(x) errechnest, erhältst du die Gleichung. Also, zeichne g(x) in das Koordinatensystem ein und lies den Schnittpunkt ab
- Zu d) Alle bisher gelernten Potenzgesetze gelten auch für Terme:
T_2: Achtung (-1) ausklammern

a) Nenner 0 setzen:
$x - 2 = 0 \quad \Leftrightarrow \quad x = 2 \qquad D = \mathbb{Q} \setminus \{2\}$

b) Für (dem Betrag nach) große x strebt f(x) gegen 0. D.h. die waagrechte Asymptote lautet $f(x) = 0$.
$P(-1\,/\,-\frac{1}{3})$ in f(x) einsetzen:
$-\frac{1}{3} = f(-1) = -\frac{1}{3} = \frac{1}{-1-2} = \frac{1}{-3} = -\frac{1}{3}$ ja, P liegt auf G_f.

c) Ablesen aus dem Koordinatensystem folgt $x = 3, y = 1$. Der Schnittpunkt lautet $S(3\,/\,1)$.

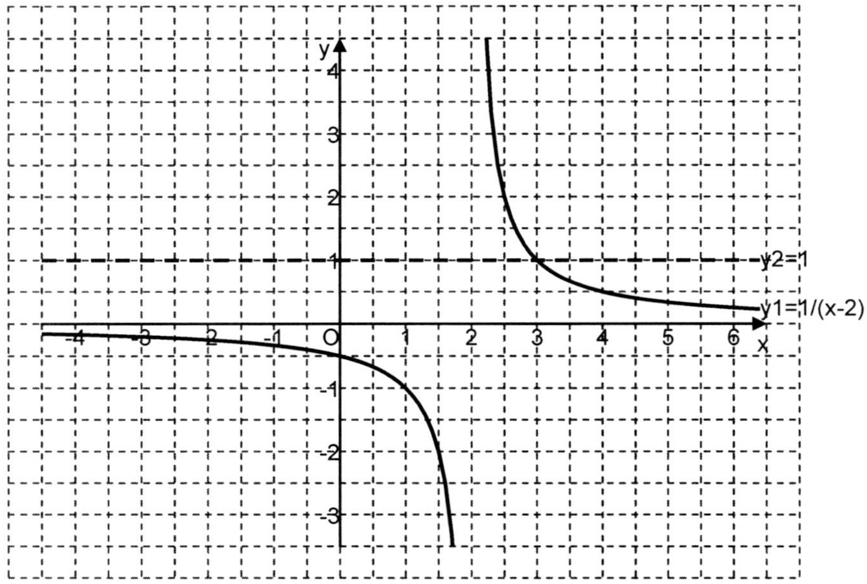

d) $T_1(x) = (x-2)^{-1} = \frac{1}{x-2}$ $\Rightarrow$ T_1 ist zum Funktionsterm äquivalent.

$T_2(x) = -\frac{3}{6-3x} = -\frac{3}{3\cdot(2-x)} = -\frac{1}{-(-2+x)} = \frac{1}{x-2}$ $\Rightarrow$ T_2 ist äquivalent.

$T_3(x) = \frac{1}{x} - \frac{1}{2} = \frac{2-x}{2x}$ $\Rightarrow$ T_3 ist NICHT äquivalent.

$T_4(x) = \frac{2}{x-2} + \frac{1}{2-x} = \frac{2}{x-2} - \frac{1}{x-2} = \frac{1}{x-2}$ $\Rightarrow$ T_4 ist äquivalent.

Aufgabe 4

Hinweise und Tipps

- Bilde die Aufgabe an einer Skizze ab.
- Denke daran: Zwei Dreiecke sind ähnlich, falls diese in zwei (und damit in allen) Winkeln übereinstimmen.
- Nach dem Winkelsummensatz ist die Summe aller drei Innenwinkel eines Dreiecks gleich 180^0.

Zu zeigen: Die Dreiecke $\triangle ABC$, $\triangle ABD$ und $\triangle ADC$ stimmen in allen drei Winkeln überein.

Planfigur

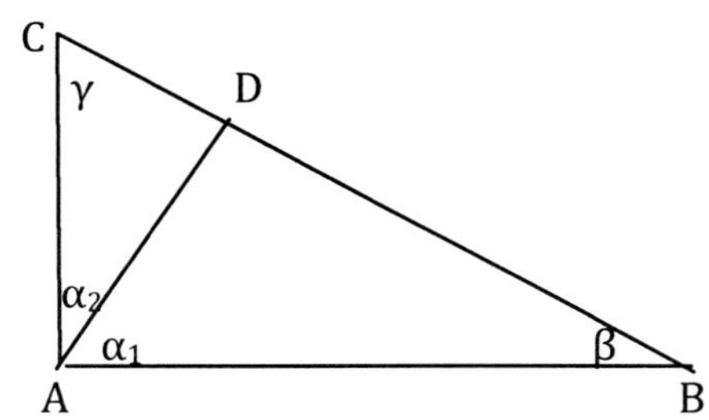

Es ist $\sphericalangle ADC = \sphericalangle BDA = \sphericalangle CAB = 90^0$ und
(*) $\alpha_1 + \alpha_2 = 90^0$.
Winkelsummensatz: $\alpha_1 + \beta + 90^0 = 180^0$ oder
$\alpha_1 + \beta = 90^0$.
(*) eingesetzt: $90^0 - \alpha_2 + \beta = 90^0 \Leftrightarrow \alpha_2 = \beta$.
In allen drei Dreiecken stimmen die Winkel überein: Es gibt jeweils ein 90^0 Winkel und die Größe von β.
$\Rightarrow$ $\triangle ABD$ ist ähnlich zu $\triangle ABC$ und ähnlich zu $\triangle ABC$

Lösung Schulaufgabe 3.1

Aufgabe 5

Hinweise und Tipps

- Die Beziehungen, die beim Strahlensatz gelten, solltest du auswendig wissen.
- Führe die unbekannte Größe immer im Zähler, das erspart aufwendige Umformungen
- Es gibt mehrere Lösungsmöglichkeiten
- Nach dem Strahlensatz gilt: Je zwei Abschnitte auf der einen Geraden verhalten sich wie die entsprechenden Abschnitte auf der anderen Geraden
- Suche die Abschnitte aus für die wenig Rechenarbeit entsteht. Die *Alternative* zeigt einen umständlicheren Weg

Es muss gelten: $\overline{AB}$ ist parallel zu $\overline{A'B'}$. Das ist die Voraussetzung, dass die Strahlensätze gelten.

Wegen dem Strahlensatz gilt: $\frac{\overline{A'B'}}{\overline{AB}} = \frac{\overline{ZA'}}{\overline{ZA}}$ und somit $\frac{\overline{A'B'}}{5} = \frac{10{,}5}{6}$

$\overline{A'B'} = \frac{10{,}5}{6} \cdot 5 = 8{,}75$

Wiederum nach dem Strahlensatz gilt: $\frac{\overline{ZB'}}{\overline{BB'}} = \frac{\overline{ZA'}}{\overline{AA'}}$ und somit $\frac{\overline{ZB'}}{5} = \frac{10{,}5}{10{,}5-6}$

$\overline{ZB'} = 11\frac{2}{3}$

Alternative: $\frac{\overline{ZB'}}{\overline{ZB}} = \frac{\overline{ZA'}}{\overline{ZA}}$ $\quad \overline{ZB'} = \frac{10{,}5}{6} \cdot \left(\overline{ZB'} - 5\right) \Leftrightarrow \overline{ZB'} = 1{,}75 \cdot \overline{ZB'} - 8{,}75 \Leftrightarrow$

$0{,}75\,\overline{ZB'} = 8{,}75 \Leftrightarrow \overline{ZB'} = 11\frac{2}{3}$

Aufgabe 6

Hinweise und Tipps

- Zu a) Die Anwendung des Strahlensatzes führt zur Lösung
- Zu b) Denke an das Steigungsdreieck bei Geraden. Welche Steigung hat eine Gerade, bei der du 1 (n Einheiten) und 1 (n Einheiten) nach oben gehst
- Zu b) Welchen Winkel bildet die 1. Winkelhalbierende (Gleichung f(x) = x) mit der x-Achse?
- Zu b) Was für ein Dreieck entsteht?
- Zu c) Denke daran: $\frac{p}{100} = p\%$

a) Strahlensatz: $\frac{h}{21} = \frac{1200}{100}$ Daraus folgt: $h = 12 \cdot 21 = 252$m.
Der Höhenunterschied ist 252 m.

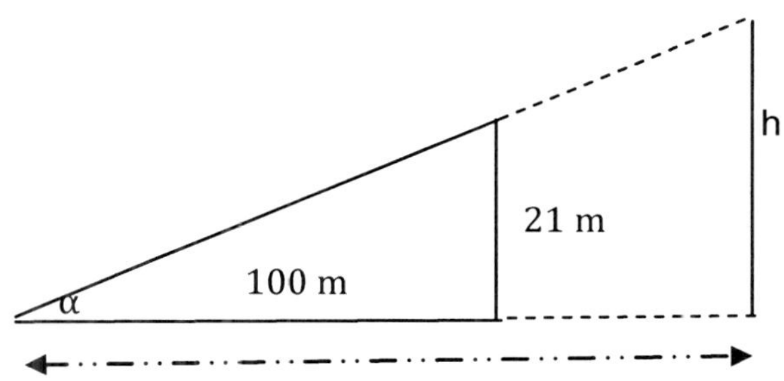

b) Bei einer Steigung von 100% = 1 entsteht ein gleichschenkliges, rechtwinkliges Dreieck. Die Basiswinkel sind dann jeweils 45^0. Der Winkel α beträgt 45^0.

c) Die Prozentzahl errechnet sich wie folgt: $\frac{144\text{m}}{1200\text{m}} = 0{,}12$.
Es steht die Prozentzahl 12% auf dem Schild.

mögliche Punkteverteilung

Aufgabe	1a	1b	1c	1d	2a	2b	3a	3b	3c	3d	4	5	6a	6b	6c	
Punkte	2	2	2	2	3	3	2	2	2	2	3	5	2	1	1	**34**

Schulinterner Jahrgangsstufentest – Stufe 8 – Mathematik

Aufgabe 1

Gegeben ist der Term $T(x) = \frac{1}{2x-2} - \frac{1}{2x}$

a) Bestimme die Definitionsmenge D von T.

b) Berechne T(0,5).

c) Bringe den Term auf den Hauptnenner und vereinfache.

Aufgabe 2

a) In einer Urne befinden sich 6 rote, 2 blaue und 4 grüne Kugeln. Es wird eine Kugel gezogen. Zeichne ein Glücksrad (s. Abb.), das beim Setzen auf eine Farbe dieselben Gewinnwahrscheinlichkeiten aufweist.

b) Aus der Urne wird nun drei Mal eine Kugel gezogen und dann wieder zurückgelegt. Berechne die Wahrscheinlichkeit dafür, dass drei Mal hintereinander eine rote Kugel gezogen wird.

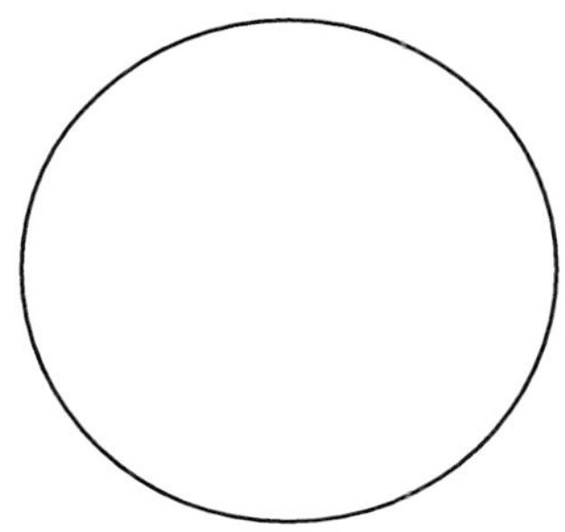

Aufgabe 3

Gib einen möglichst einfachen Funktionsterm für eine Funktion an, die eine senkrechte Asymptote bei $x = 3$ und eine waagrechte Asymptote bei $y = -2$ besitzt.

Aufgabe 4

Richtig oder falsch: Kreuze die richtige Aussage an:

☐ Halbiert man den Radius eines Kreises; so verringert sich sein Umfang um $\frac{3}{4}$ seines ursprünglichen Wertes.

☐ Verdoppelt man die Seitenlänge eines Würfels, so verdoppelt sich der Flächeninhalt seiner Oberfläche.

☐ Wird der Radius eines Kreises um die Hälfte vergrößert, so nimmt der Flächeninhalt um 125% zu

☐ Keine der drei Aussagen trifft zu.

Aufgabe 5

Berechne die Lösung der Ungleichung $\frac{9-x}{5} < \frac{3x}{4}$

....

....

....

....

Aufgabe 6

Gegeben ist die Funktion:

f: $x \Rightarrow 1 - \frac{2}{x-1}$, x ungleich 1.

Im Koordinatensystem ist der Graph von f gezeichnet. Ermittle graphisch die Lösungen der Gleichung

$$1 - \frac{2}{x-1} = -\frac{1}{4}x + 0{,}75$$

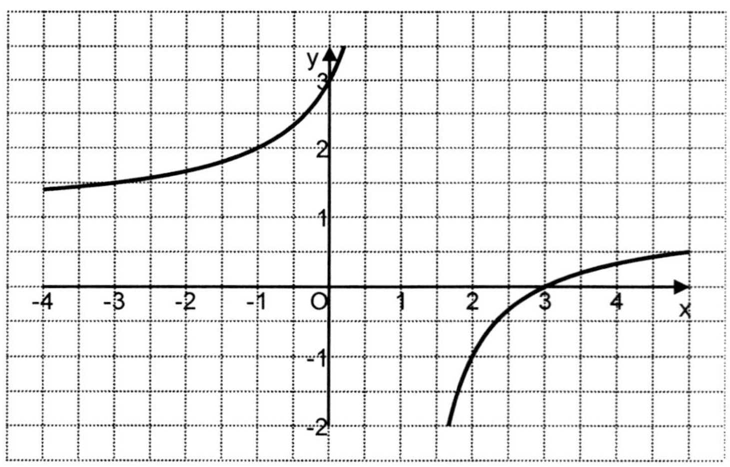

....

....

Aufgabe 7

Eine Ladung von 1000 kg Gurken besteht zu 99% aus Wasser. Nachdem sie 8 Stunden in der Sonne gestanden hat, besteht die Ladung noch zu 98% aus Wasser.

a) Berechne die Masse des Anteils, der nicht aus Wasser besteht.

b) Berechne die Masse der Gurken, nachdem sie in der Sonne gestanden haben.

Aufgabe 8

a) Ergänze die folgende Tabelle so, dass eine indirekte Proportionalität vorliegt:

x	24	12	6	3	2
y			4		

b) Entscheide, ob der Zusammenhang zwischen den folgenden Größen direkt proportional ist oder nicht:

	direkt proportional	nicht direkt proportional
Seitenlänge und Umfang eines Quadrates	☐	☐
Seitenlänge und Flächeninhalt eines Quadrates	☐	☐
Kantenlänge und Volumen eines Würfels	☐	☐

Aufgabe 9

Eine Mutter ist siebenmal so alt wie ihre Tochter; beide zusammen sind 40 Jahre alt.
Stelle ein Gleichungssystem auf und berechne das Alter von beiden.

Viel Erfolg!

Punkteverteilung

Aufgabe	1a	1b	1c	2a	2b	3	4	5	6	7a	7b	8a	8b	9	
Punkte	1	1	2	2	1	2	1	2	2	1	1	1	1	3	**21**

Interner Jahrgangsstufentest für die Jahrgangsstufe 8 der Gymnasien

Persönliche Kommentare

Lösung Interner JstTest

- **Allgemein**
  Der interne Jahrgangsstufentest unterscheidet sich gegenüber dem BMT8 dadurch, dass nur der Lehrstoff der 8. Klasse behandelt wird. Dafür gibt es zu jedem Teilgebiet des Lehrstoffs Aufgaben. Die Aufgaben sind in der Regel nicht so komplex wie in einer „normalen" Schulaufgabe. Der Aufbau und die Punktevergabe entspricht dem BMT.
- **zu Aufgabe 1** ✔
  Diese Aufgabe prüft das Thema „Gebrochen rationale Funktionen" und sollte in diesem Schwierigkeitsgrad auf jeden Fall beherrscht werden, zumal es auch eine Aufgabe ist, die im Abitur so gestellt werden kann (als Teilaufgabe).
- **zu Aufgabe 2** ✔
  Die in dieser Aufgabe aus der Statistik zu behandelnde Darstellung der Häufigkeiten an einem Kreis ist Standard, auf ähnliche - aber einfachere - Weise schon in der 5. Klasse besprochen.
- **zu Aufgabe 3** ✔ ▽
  Diesmal wird ein anderer Weg eingeschlagen: Es ist nicht eine gegebene Funktion zu untersuchen, sondern du sollst eine Funktion bestimmen. D.h. neben sturem Lösen wird auch ein wenig Verständnis abgefragt.
- **zu Aufgabe 4**
  Auch diese Aufgabe wurde in ähnlicher Wiese schon in den vorhergehenden Klassen besprochen und ist sehr beliebt. Dabei ist lediglich zu beachten: „ Was passiert mit dem Quadrat einer Variablen, die halbiert (verdoppelt, ...) wird.
- **zu Aufgabe 5**
  Das Lösen von Ungleichungen gehört zum Grundwissen. Aufgabe ohne Spannung.
- **zu Aufgabe 6** ✔ ▽
  Extrem wichtige Aufgabe. Die graphische Lösung zur Bestimmung der Schnittpunkte ist eine sehr beliebte Aufgabe. Dass hierbei die eine Funktion eine gebrochene rationale Funktion ist, verlangt zumindest Verständnis für dieses Thema.
- **zu Aufgabe 7**
  Prozentrechnung mit Anwendung des Dreisatzes. In keinem Test darf eine Prozentaufgabe fehlen.
- **zu Aufgabe 8** ✔
  Absoluter Standard in der 8. Klasse. Die Vorgabe einer lückenhaften Tabelle und das Ausfüllen bei Vorgabe einer Proportionalität ist absolut sicher ein Thema in einer Schulaufgabe.
- **zu Aufgabe 9**
  Es handelt sich um eine relative leichte Textaufgabe zum Thema „Lineare Gleichungssysteme". Auch die Lösung mittels des Einsetzverfahrens sollte problemlos machbar sein.

- **Fazit**
  Dieser Test ist sehr fair. Es muss wenig gerechnet werden und die Aufgabenstellung ist überwiegend für einen Jahrgangsstufentest einfach. Voraussetzung jedoch ist, dass der Stoff beherrscht wird.

Gesamtpunkte: **21**

Punkte	21 - 16	15-13	12 - 10	9 - 7	6 - 4	3 - 0
Note	1	2	3	4	5	6

Lösung Interner JstTest

Aufgabe 1

Hinweise und Tipps

- zu a) Eine Einschränkung des Definitionsbereichs erfolgt dadurch, dass der Nenner Null werden kann. Es ist zu untersuchen, für welche x wird der Nenner 0.
- Es wird stillschweigend vorausgesetzt, dass die Grundmenge die Menge der rationalen Zahlen ist.
- zu c) Achtung: Klammere im 1. Nenner die 2 aus („Faktorisieren")
- zu c) Achtung: Minusfalle

a) Bei beiden Teiltermen kann der Nenner 0 werden:

$2x - 2 = 0 \quad | +2 \qquad 2x = 2 \quad |:2 \qquad x = 1$

$2x = 0 \quad |:2 \qquad x = 0$

$D = \mathbb{Q} \setminus \{0\,;1\}$

b) $T(0{,}5) = \frac{1}{2 \cdot 0{,}5 - 2} - \frac{1}{2 \cdot 0{,}5} = \frac{1}{-1} - \frac{1}{1} = -1 - 1 = -2$

c) Nenner faktorisieren: $T(x) = \frac{1}{2 \cdot (x-1)} - \frac{1}{2}$ Hauptnenner $= 2 \cdot (x-1)$

$T(x) = \frac{x}{2x \cdot (x-1)} - \frac{x-1}{2x \cdot (x-1)} = \frac{1}{2x \cdot (x-1)}$

Aufgabe 2

Hinweise und Tipps

- zu a) Das Glücksrad wird in 12 gleich große Sektoren (6 rote + 2 blaue + 4 grüne) eingeteilt und dann entsprechend gefärbt.
- zu a) Der Vollwinkel (Mittelpunktswinkel) des Kreises beträgt 360^0.
- zu b) Da es um ein „Ziehen **mit** Zurücklegen" geht, handelt es sich um ein Laplace-Experiment.
- zu b) Wende das Zählprinzip an.
- zu b) Die Wahrscheinlichkeit errechnet sich: Wahrscheinlichkeit $= \frac{\text{Anzahl günstige Fälle}}{\text{Anzahl mögliche Fälle}}$.
- zu b) Die Produkte nicht ausrechnen, sondern gleich kürzen.

a) Kreissektor für den roten Bereich

Mittelpunktswinkel: $(360^0 : 12) \cdot 6 = 180^0$

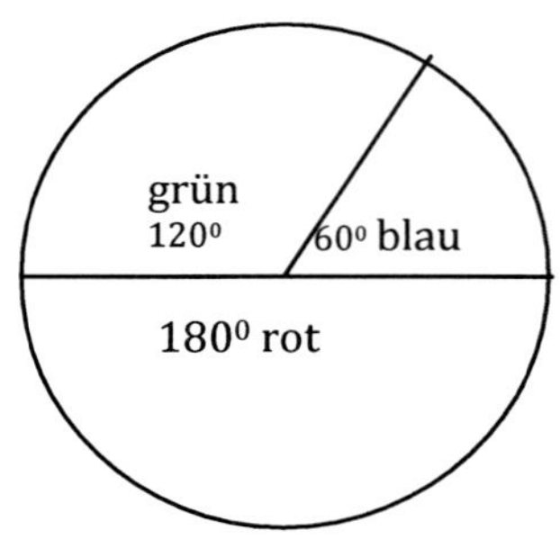

Kreissektor für den blauen Bereich

Mittelpunktswinkel: $(360^0 : 12) \cdot 2 = 60^0$

Kreissektor für den grünen Bereich

Mittelpunktswinkel: $(360^0 : 12) \cdot 4 = 120^0$

b) Sei A das Ereignis, genau 3x eine rote Kugel zu ziehen.

Günstige Fälle für A: $6 \cdot 6 \cdot 6$ (Beim 1. Zug 6, und auch beim 2. und 3. Zug 6 mögliche Fälle)

Mögliche Fälle für A: $12 \cdot 12 \cdot 12$

$p(A) = \frac{6 \cdot 6 \cdot 6}{12 \cdot 12 \cdot 12} = \frac{1}{8}$

Alternative: (mehrstufiges Zufallsexperiment – Stoff der 9. Klasse)

Die Wahrscheinlichkeit beim 1., 2. und 3. Zug ist jeweils $\frac{6}{12} = \frac{1}{2}$

$$p(A) = \frac{1}{2} \cdot \frac{1}{2} \cdot \frac{1}{2} = \frac{1}{8}$$

Lösung Interner JstTest

Aufgabe 3

Hinweise und Tipps

- Eine senkrechte Asymptote ist die Nullstelle des Nenners einer (gebrochen rationalen) Funktion.
- Eine waagrechte Asymptote ungleich der x-Achse bedeutet eine Verschiebung in y-Richtung.
- Alternativ: Der Quotient aus dem Term der höchsten Potenz im Zähler und dem Term der höchsten Potenz im Nenner ergibt eine rationale Zahl ohne x-Wert.

$$f(x) = \frac{1}{x-3} - 2$$

Alternativ: $f(x) = \frac{-2x}{x-3}$

Aufgabe 4

Hinweise und Tipps

- Aussage: „Halbiert man den Radius eines Kreises, so verringert sich sein Umfang um $\frac{3}{4}$ seines ursprünglichen Wertes“. Nein, denn der Umfang errechnet sich $U = 2r\boldsymbol{\pi}$.
  Falls der Radius halbiert wird, dann halbiert sich auch der Umfang.
- Aussage: „Verdoppelt man die Seitenlänge eines Würfels, so verdoppelt sich der Flächeninhalt seiner Oberfläche“. Nein, denn die Berechnung des Flächeninhalts erfolgt durch Quadrieren des Radius. Bei Verdoppelung von r wird der Flächeninhalt vervierfacht.

Die einzige richtige Aussage ist: „“Wird der Radius eines Kreises um die Hälfte vergrößert, so nimmt der Flächeninhalt um 125% zu.

Begründung: Sei $A_{alt} = r^2 \boldsymbol{\pi}$.

Neuer Radius: $r_{neu} = 1{,}5$ r. $A_{neu} = r_{neu}{}^2 \boldsymbol{\pi} = (1{,}5r)^2 \boldsymbol{\pi} = 1{,}25r^2 \boldsymbol{\pi} = 1{,}25A_{alt}$

Aufgabe 5

Hinweise und Tipps

- Da keine Grundmenge z.B. $\mathbb{Q}$ genannt wird, reicht diese Schreibweise $x > \frac{19}{36}$
- Achtung „Inversionsgesetz“ (bei Alternative): Bei Punktrechnung (· oder :) mit einer negativen Zahl, ändert sich Ungleichheitszeichen (aus $<$ wird $>$ und aus $<$ wird $>$).

$\frac{9-x}{5} < \frac{3x}{4}$ | · 20 (Hauptnenner)

$4 \cdot (9 - x) < 5 \cdot 3x$ | ausrechnen

$36 - 4x < 15x$ | + 4x

$36 < 19x$ | : 19 und Ungleichung „umdrehen“

$x > \frac{19}{36}$

Alternative Berechnung ohne „Umdrehen“

$36 - 4x < 15x$ | $-15x - 36$

$-19x < -36$ | : (−19)

$x > \frac{19}{36}$

Aufgabe 6

Lösung Interner JstTest

Hinweise und Tipps

Die Gleichung $1 - \frac{2}{x-1} = -\frac{1}{4}x + 0{,}75$ entsteht durch Gleichsetzen der y-Werte der Funktionen $f(x) = 1 - \frac{2}{x-1}$ und $g(x) = -\frac{1}{4}x + 0{,}75$. Das aber genau ist die Vorgehensweise beim Berechnen der Schnittpunkte beider Funktionen.

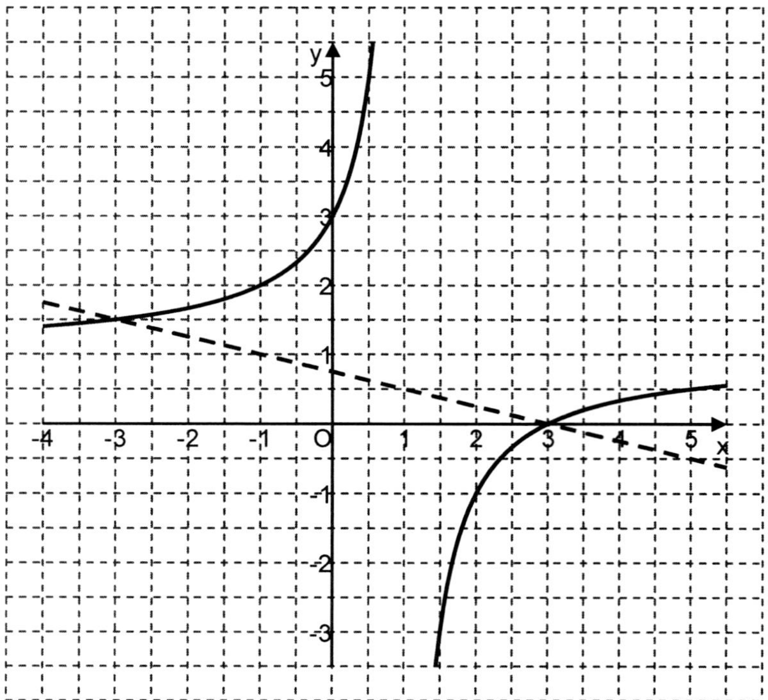

Ablesen der Schnittpunkte: $S_1(3 / 0)$ und $S_2(-3 / 1{,}5)$

Aufgabe 7

Hinweise und Tipps

zu a) „Von-Aufgaben" bedeuten immer eine Multiplikation 0,01 von 1000 = $0{,}01 \cdot 1000$

zu b) Zu lösen mit dem klassischen Dreisatz

a) 1% von 1000 kg = $0{,}01 \cdot 1000$ kg = 10 kg der Gurken bestehen nicht aus Wasser.

b) Der Nichtwasseranteil der Gurken beträgt nun 2% (100% − 98%).

Frage: was sind nun 100%?

$2\% \triangleq 10$ kg (aus Teilaufgabe a)

$100\% \triangleq x$

$x = \frac{10}{2} \cdot 100 = 500$ kg

Antwort: Die Masse der Gurken beträgt 500 kg.

Lösung Interner JstTest

Aufgabe 8

Hinweise und Tipps

- Bei einer indirekten Proportionalität ist das Produkt der Merkmale immer gleich groß.
- „Aufhänger" ist das Paar $6 \cdot 4 = 24$
- Zu $x = 24$: $y = 24 : 24 = 1$ Zu $x = 12$: $y = 24 : 12 = 2$
  Zu $x = 3$: $y = 24 : 3 = 8$ Zu $x = 2$; $y = 24 : 2 = 12$
- zu b) Z.B. wird die Seitenlänge verdoppelt, so verdoppelt sich auch der Umfang.
  Verdoppelt sich die Seitenlänge, so vervierfacht ($2^2 = 4$) sich der Flächeninhalt.
  Verdoppelt sich die Seitenlänge, so verachtfacht (2^3) sich das Würfelvolumen.

a)

x	24	12	6	3	2
y	**1**	**2**	4	**8**	**12**

b)

	direkt proportional	nicht direkt proportional
Seitenlänge und Umfang eines Quadrates	X	☐
Seitenlänge und Flächeninhalt eines Quadrates	☐	X
Kantenlänge und Volumen eines Würfels	☐	X

Aufgabe 9

Hinweise und Tipps

Gib immer klar an, was x und was y bedeutet.

x: Alter der Tochter y: Alter der Mutter

I. $y = 7x$ „Die Mutter ist siebenmal so alt wie ihre Tochter"

II. $x + y = 40$ „Beide zusammen sind 40 Jahre alt"

Einsetzen I. in II: $x + 7x = 40$ $\Leftrightarrow 8x = 40$ $|:8$ $x = 5$

$x = 5$ einsetzen in I. $y = 7 \cdot 5 = 35$

Die Tochter ist 5 Jahre alt; die Mutter ist 35 Jahre alt.

Schulaufgaben
Mathematik, Physik, Englisch, Französisch

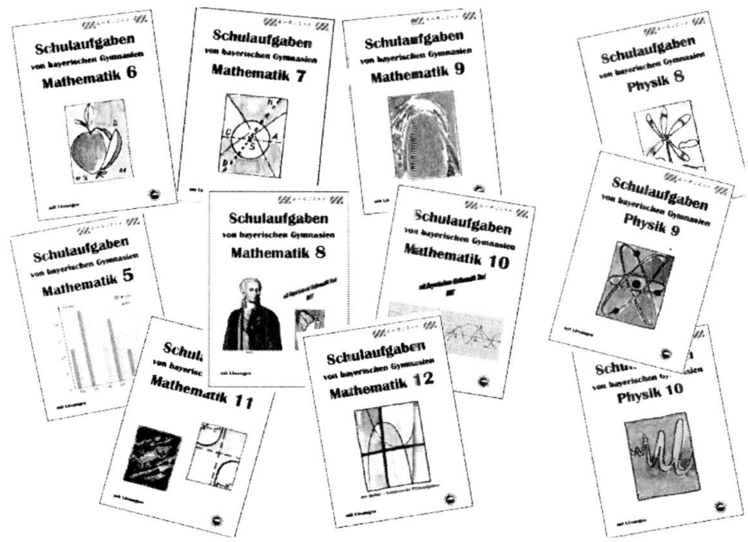

Du willst wissen:

- was in der Schulaufgabe drankommen könnte
- ob du dein Wissen anwenden kannst
- ob du alles in der vorgegebenen Zeit schaffst

- Typische **Schulaufgaben** Münchner Gymnasien: Darauf muss ich mich einstellen
- Ausführliche **Lösungen**: So sollte meine Antwort aussehen
- Tipps als Hilfestellungen: So kann ich mir die Arbeit erleichtern

- ➢ Bände **Mathematik** für Klasse **5, 6, 7, 8, 9, 10, 11** und **12**
- ➢ Bände **Physik** für Klasse **8, 9** und **10**
- ➢ Bände **Englisch** Klasse **5, 6, 7, 8** und **9** (Version **Green Line New** und **English G**)
- ➢ Bände **Französisch** Klasse **6, 7, 8** und **9** (Version **Découvertes** und **À plus!**)

- ➢ Zu bestellen siehe unten und in jeder Buchhandlung
- ➢ Je Band 14,95 €

Wir sind engagierte Lehrer mit jahrelanger Nachhilfeerfahrung und machen einen lockeren, aber kompetenten fächerübergreifenden Unterricht. Unsere Spezialität ist die Vorbereitung auf Schulaufgaben.

Wir haben eigene Kinder im Schulalter und kennen die schulischen Anforderungen und Hausaufgabenprobleme auch von der Elternseite.

www.durchblicker.org
info@durchblicker.org
Tel: 089 - **43 73 73 14**
Fax: 089 - 43 90 60 51

Vom Consultant zum Bildungstrainer

„Wir bereiten speziell auf Schulaufgaben vor": Claus Arndt beim Nachhilfeunterricht mit Schülerin Kathi und seinem Sohn Alexander.

Claus Arndt (57) hat mit seiner Frau im eigenen Haus ein Lernstudio eröffnet

Claus Arndt hat schon immer gerne unterrichtet. Dass der Dipl.-Mathematiker dieses Hobby irgendwann zum Beruf machen würde, war aber alles andere als vorhersehbar.

Seit den 80er Jahren hat der Vater zweier Söhne als Software-Ingenieur und Presales-Consultant gearbeitet, zuletzt 13 Jahre im selben Unternehmen. Doch 2004 war damit Schluss: „Die Firma hat mit einem Mal großflächig Personal abgespeckt", erzählt der Waldtruderinger. „Wer gehen wollte, konnte gehen". Die Entscheidung fiel Arndt leicht, auch weil er eine Abfindung erhielt. Was er damit anfangen würde, darüber muss er nicht lange grübeln. „Ich hatte schon als Student Repetitorien für BWL-Studenten gehalten und mochte die Arbeit immer gerne."

Mit seiner Frau Monika, Autorin und Übersetzerin, entschied er sich, im Keller ihres Hauses ein Nachhilfestudio zu eröffnen und selbst als **Bildungstrainer** zu arbeiten. „Wir hatten schon immer im Hinterkopf, dass hier in Waldtrudering die Klientel dafür da ist", sagt Arndt. Denn Nachhilfe ist ein Luxus.

Um sich vorzubereiten, heuerte Arndt ein Jahr als Aushilfslehrer für Mathematik an, zunächst in der Realschule Dachau, später im Heinrich-Heine-Gymnasium.
Mittlerweile hat das **Durchblicker Lernstudio Arndt** einen festen Stamm von rund 25 Schülern, die regelmäßig kommen. Eine Stunde Bildungstraining kostet bis zu 50 Euro. „Es war die beste Idee, mich selbständig zu machen", sagt Arndt. „Nur eines bereue ich: Dass ich es nicht früher gemacht habe."

Arndt unterrichtet die Nachhilfeschüler in Mathematik, seine Frau in Englisch, Deutsch und Französisch. Wenn die Nachfrage groß genug ist, zum Beispiel zum Schuljahresende hin, helfen weitere Nachhilfelehrer mit aus.

„Wichtig für den Erfolg ist, dass wir die Wünsche unserer Kunden erfüllen." Dazu gehören Crashkurse oder Intensivtraining. Außerdem setzt Arndt auf Werbung: Zuletzt hat er einen Werbefilm für die Kinoleinwand in Auftrag gegeben.

„Meine Spezialität ist, die Schüler direkt auf die Schulaufgaben vorzubereiten", sagt der 57-Jährige. Passend dazu bringen er und seine Frau im Eigenverlag Bücher heraus, in denen sie modifizierte Schulaufgaben und deren ausführliche Lösungen besprechen. „Zu jeder Schulaufgabe gebe ich eine persönliche Einschätzung und kennzeichne Aufgaben, die sich als G8-Standard herauskristallisiert haben."

Erst vor kurzem hat sich eine Mutter in einem Brief bedankt: „Meine Tochter kapiert Mathe am besten, wenn Sie es ihr vor den Schulaufgaben erklären."

Bericht von Vanessa Assmann in der Münchner Abendzeitung vom 15.3.2011